불자독송집

차 례

예경편

독경편

발원문

찬불가

예 경 편

- 예 불 문
- 행선축원문
- 이산 연선사 발원문
- 반야심경
- 우리말 반야심경
- 천 수 경
- 중단권공
- 화엄경 약찬게
- 백팔대참회문

삼 귀 의

귀의불 양족존
歸依佛 兩足尊

귀의법 이욕존
歸依法 離欲尊

귀의승 중중존
歸依僧 衆中尊

거룩한 부처님께 귀의합니다.

거룩한 가르침에 귀의합니다.

거룩한 스님들께 귀의합니다.

예 불 문
禮 佛 文

다 게
茶 偈

아금청정수 변위감로다
我 今 清 淨 水 變 爲 甘 露 茶

봉헌삼보전 원수애납수
奉 獻 三 寶 前 願 垂 哀 納 受

원수애납수 원수자비애납수
願 垂 哀 納 受 願 垂 慈 悲 哀 納 受

오분향례
五 分 香 禮

계향 정향 혜향 해탈향 해탈지
戒 香 定 香 慧 香 解 脫 香 解 脫 知

견향 광명운대 주변법계 공양
見 香 光 明 雲 臺 周 遍 法 界 供 養

시방 무량불법승
十方 無量佛法僧

헌향진언
獻香眞言

『옴 바아라 도비야 훔』(세번)

지심귀명례 삼계도사 사생자부
至心歸命禮 三界導師 四生慈父

시아본사 석가모니불
是我本師 釋迦牟尼佛

지심귀명례 시방삼세 제망찰해
至心歸命禮 十方三世 帝網刹海

상주일체 불타야중
常住一切 佛陀耶衆

지심귀명례 시방삼세 제망찰해
至心歸命禮 十方三世 帝網刹海

상주일체 달마야중
常住一切 達磨耶衆

지심귀명례 대지 문수사리보살
至心歸命禮 大智 文殊舍利菩薩

대행보현보살
大行普賢菩薩

대비관세음보살
大悲觀世音菩薩

대원본존 지장보살마하살
大願本尊 地藏菩薩摩訶薩

지심귀명례 영산당시 수불부촉
至心歸命禮 靈山當時 受佛咐囑

십대제자 십육성
十大弟子 十六聖

오백성 독수성 내지
五百聖 獨修聖 乃至

천이백제대아라한
千二百諸大阿羅漢

무량자비성중
無量慈悲聖衆

지심귀명례 서건동진 급아해동
至心歸命禮 西乾東震 及我海東

역대전등 제대조사
歷代傳燈 諸大祖師

천하종사 일체미진수
天下宗師 一切微塵數

제대선지식
諸大善知識

지심귀명례 시방삼세 제망찰해
至心歸命禮 十方三世 帝網刹海

상주일체 승가야중
常住一切 僧伽耶衆

유원 무진삼보 대자대비 수아정례
唯願 無盡三寶 大慈大悲 受我頂禮

명훈가피력 원공법계제중생
冥薰加被力 願共法界諸衆生

자타일시성불도
自他一時成佛道

행선축원문 (아침예불 때만 한다)
行禪祝願文

원아세세생생처 願我世世生生處	원하옵건대 이 내 몸이 세세생생 날 적마다
상어반야불퇴전 常於般若不退轉	항상 큰 지혜에 물러나지 아니해서
여피본사용맹지 如彼本師勇猛智	본사 석가모니처럼 용맹 지혜를 얻으며
여피사나대각과 如彼舍那大覺果	노사나불처럼 큰 깨달음 이루며
여피문수대지혜 如彼文殊大智慧	문수보살처럼 큰 지혜를 가지며
여피보현광대행 如彼普賢廣大行	보현보살처럼 광대행을 가지며
여피지장무변신 如彼地藏無邊身	지장보살처럼 끝없는 몸을 가지며

여피관음삼이응 如 彼 觀 音 三 二 應	관세음보살처럼 삼십이응신을 가지며
시방세계무불현 十 方 世 界 無 不 現	시방세계 두루 아니 나타난 곳이 없이
보령중생입무위 普 令 衆 生 入 無 爲	널리 중생들도 무위도에 들게 하며
문아명자면삼도 聞 我 名 者 免 三 途	나의 이름 듣는 이는 삼도 고를 벗어나고
견아형자득해탈 見 我 形 者 得 解 脫	나의 형상을 보는 이는 해탈을 얻게 되어
여시교화항사겁 如 是 敎 化 恒 沙 劫	이와 같이 오랜 겁을 교화시켜
필경무불급중생 畢 竟 無 佛 及 衆 生	필경 부처 중생 없는데 까지 이르러지이다
원제천룡팔부중 願 諸 天 龍 八 部 衆	모든 천룡과 팔부대중은

위아옹호불이신 爲 我 擁 護 不 離 身	나를 옹호하여 내 몸을 떠나지 말아서
어제난처무제난 於 諸 難 處 無 諸 難	모든 어려운 곳에 어려움 없게 하여
여시대원능성취 如 是 大 願 能 成 就	이 같은 큰 원 능히 성취하도록 하소서
광도법계제중생 廣 度 法 界 諸 衆 生	넓은 법계의 모든 중생들은
이보제불막대은 以 報 諸 佛 幕 大 恩	모든 부처님의 큰 은혜로
세세상행보살도 世 世 常 行 菩 薩 道	세세생생에 보살도를 닦아
구경원성살바야 究 竟 圓 成 薩 婆 若	보살의 지혜로 구경 이루리다
마하반야바라밀 摩 訶 般 若 波 羅 蜜	큰 지혜를 행하리다

이산 연선사 발원문

시방삼세 부처님과 팔만사천 큰법보와
보살성문 스님네께 지성귀의 하옵나니
자비하신 원력으로 굽어살펴 주옵소서
저희들이
참된성품 등지옵고 무명속에 뛰어들어
나고죽는 물결따라 빛과소리 물이들고
심술궂고 욕심내어 온갖번뇌 쌓았으며
보고듣고 맛봄으로 한량없는 죄를지어
잘못된길 갈팡질팡 생사고해 헤매면서
나와남을 집착하고 그른길만 찾아다녀
여러생에 지은업장 크고작은 많은허물
삼보전에 원력빌어 일심참회 하옵나니
바라옵건대
부처님이 이끄시고 보살님네 살피옵서

고통바다 헤어나서 열반언덕 가사이다
이세상에 명과복은 길이길이 창성하고
오는세상 불법지혜 무럭무럭 자라나서
날적마다 좋은국토 밝은스승 만나오며
바른신심 굳게세워 아이로서 출가하여
귀와눈이 총명하고 말과뜻이 진실하며
세상일에 물안들고 청정범행 닦고닦아
서리같이 엄한계율 털끝인들 범하리까
점잖으신 거동으로 모든생명 사랑하여
이내목숨 버리어도 지성으로 보호하리
삼재팔난 만나잖고 불법인연 구족하며
반야지혜 드러나고 보살마음 견고하여
제불정법 잘배워서 대승진리 깨달은뒤
육바라밀 행을닦아 아승지겁 뛰어넘고
곳곳마다 설법으로 천겹만겹 의심끊고
마군중을 항복받고 삼보님을 뵙사올제

시방제불 섬기는일 잠깐인들 쉬오리까
온갖법문 다배워서 모두통달 하옵거든
복과지혜 함께늘어 무량중생 제도하며
여섯가지 신통얻고 무생법인 이룬뒤에
관음보살 대자비로 시방법계 다니면서
보현보살 행원으로 많은중생 건지올제
여러갈래 몸을나퉈 미묘법문 연설하고
지옥아귀 나쁜곳엔 광명놓고 신통보여
내모양을 보는이나 내이름을 듣는이는
보리마음 모두내어 윤회고를 벗어나되
화탕지옥 끓는물은 감로수로 변해지고
검수도산 날선칼날 연꽃으로 화하여서
고통받던 저중생들 극락세계 왕생하며
나는새와 기는짐승 원수맺고 빚진이들
갖은고통 벗어나서 좋은복락 누려지다
모진질병 돌적에는 약풀되어 치료하고

흉년드는 세상에는 쌀이되어 구제하되
여러중생 이익한일 한가진들 빼오리까
천겁만겁 내려오던 원수거나 친한이나
이세상의 권속들도 누구누구 할것없이
얽히었던 애정끊고 삼계고해 벗어나서
시방세계 중생들이 모두성불 하사이다
허공끝이 있사온들 이내소원 다하리까
유정들도 무정들도 일체종지 이루어지이다

나무 석가모니불 나무 석가모니불
나무 시아본사 석가모니불

※ 〈혜연선사 발원문〉은 근세기에 불교의례를 집대성한 『석문의범』을 편찬한 안진호 스님이 목판본 『치문』(緇門)을 활자본으로 펴내면서 〈연(然)선사 발원문〉을 〈혜연선사 발원문〉이라 잘못 옮긴 뒤로 굳어진 오기입니다. 따라서 이 책에서는 〈연선사 발원문〉으로 바로잡습니다.

※ 발원문이 전해진 당나라 때 혜연선사란 분은 없고, 문장에 능했던 교연선사가 계셔 발원문의 저자로 추정되기는 하나 관련된 기록은 없습니다

반야심경
般 若 心 經

마하반야바라밀다심경
摩 訶 般 若 波 羅 蜜 多 心 經

관자재보살 행심반야바라밀다시
觀 自 在 菩 薩 行 深 般 若 波 羅 蜜 多 時

조견오온개공 도일체고액 사리
照 見 五 蘊 皆 空 度 一 切 苦 厄 舍 利

자 색불이공 공불이색 색즉시공
子 色 不 異 空 空 不 異 色 色 卽 是 空

공즉시색 수상행식 역부여시 사
空 卽 是 色 受 想 行 識 亦 復 如 是 舍

리자 시제법공상 불생불멸 불구
利 子 是 諸 法 空 相 不 生 不 滅 不 垢

부정 부증불감 시고 공중무색
不 淨 不 增 不 減 是 故 空 中 無 色

무수상행식 무안이비설신의 무
無 受 想 行 識 無 眼 耳 鼻 舌 身 意 無

색성향미촉법 무안계 내지 무의
色 聲 香 味 觸 法 無 眼 界 乃 至 無 意

식계 무무명 역무무명진 내지 무
識 界 無 無 明 亦 無 無 明 盡 乃 至 無

노사 역무노사진 무고집멸도 무
老 死 亦 無 老 死 盡 無 苦 集 滅 道 無

지역무득 이무소득고 보리살타
智 亦 無 得 以 無 所 得 故 菩 提 薩 埵

의반야바라밀다고 심무가애 무
依 般 若 波 羅 蜜 多 故 心 無 罣 碍 無

가애고 무유공포 원리전도몽상
罣 碍 故 無 有 恐 怖 遠 離 顚 倒 夢 想

구경열반 삼세제불 의반야바라
究 竟 涅 槃 三 世 諸 佛 依 般 若 波 羅

밀다고 득아뇩다라삼먁삼보리
蜜多故 得阿耨多羅三藐三菩提

고지반야바라밀다 시대신주 시대
故知般若波羅蜜多 是大神呪 是大

명주 시무상주 시무등등주 능제
明呪 是無上呪 是無等等呪 能除

일체고 진실불허 고설반야바라
一切苦 眞實不虛 故說般若波羅

밀다주 즉설주왈
蜜多呪 卽說呪曰

『아제아제 바라아제 바라승아제
揭諦揭諦 婆羅揭諦 婆羅僧揭諦

모지 사바하』(세번)
菩提 娑婆訶

우리말 반야심경

마하반야바라밀다심경

관자재보살이 깊은 반야바라밀다를 행할 때, 오온이 공한 것을 비추어 보고 온갖 고통에서 건너느니라.

사리자여! 색이 공과 다르지 않고 공이 색과 다르지 않으며, 색이 곧 공이요 공이 곧 색이니, 수 · 상 · 행 · 식도 그러하니라.

사리자여! 모든 법은 공하여 나지도 멸하지도 않으며, 더럽지도 깨끗하지도 않으며, 늘지도 줄지도 않느니라.

그러므로 공 가운데는 색이 없고 수 · 상 · 행 · 식도 없으며, 안 · 이 · 비 · 설 · 신 · 의도 없고, 색 · 성 · 향 · 미 · 촉 · 법도 없으며, 눈의 경계도 의식의 경계까지도 없고, 무명도 무명이 다함까지도 없으며, 늙고 죽음도 늙고 죽음이 다함까지도 없고, 고 · 집 · 멸 · 도도 없으며, 지혜도 얻음도 없느니라.

얻을 것이 없는 까닭에 보살은 반야바라밀다를 의지하므로 마음에 걸림이 없고 걸림이 없으므로 두려움이 없어서, 뒤바뀐 헛된 생각을 멀리 떠나 완전한 열반에 들어가며, 삼세의 모든 부처님도 반야바라밀다를 의지하므로 최상의 깨달음을 얻느니라.

반야바라밀다는 가장 신비하고 밝은 주문이며 위없는 주문이며 무엇과도 견줄 수 없는 주문이니, 온갖 괴로움을 없애고 진실하여 허망하지 않음을 알지니라.

이제 반야바라밀다주를 말하리라.

『아제아제 바라아제 바라승아제
모지 사바하』(세번)

보례진언
普禮眞言

아금일신중 즉현무진신
我今一身中 卽現無盡身

변재삼보전 일일무수례
遍在三寶前 一一無數禮

『옴 바아라 믹』(세번)

천 수 경
千 手 經

정구업진언 (입으로 짓는 죄업을 깨끗이 하는 진언)
淨口業眞言

『수리수리 마하수리 수수리
사바하』(세번)

오방내외안위제신진언 (오방의 모든 신을 위로하는 진언)
五方內外安慰諸神眞言

『나무 사만다 못다남 옴 도로도로 지미 사바하』(세번)

개경게 (경전을 찬탄하는 노래)
開經偈

무상심심미묘법
無上甚深微妙法

부처님의 거룩한 법
한 없이 높고 깊어

백천만겁난조우
百千萬劫難遭遇

백천만겁 지내도록
만나뵙기 어려워라

아금문견득수지
我今聞見得受持

부처님의 가피로써
보고듣고 지니오니

원해여래진실의
願解如來眞實意

부처님의 진실한 뜻
깨치기를 원합니다

개법장진언 (법장을 여는 진언)
開 法 藏 眞 言

『옴 아라남 아라다』(세번)

천수천안 관자재보살 광대원만
千 手 千 眼 觀 自 在 菩 薩 廣 大 圓 滿

무애 대비심 대다라니 계청
無 碍 大 悲 心 大 陀 羅 尼 啓 請

(일천의 손과 눈으로 중생을 구제하시는 관자재보살님의 광대하고 원만한 걸림없는 대비심의 다라니를 청하옵나니)

계수관음대비주
稽 首 觀 音 大 悲 呪

관세음보살 대비주에
머리숙여 절합니다

원력홍심상호신
願 力 弘 深 相 好 身

그 원력 위대하고
상호 또한 거룩하사

천비장엄보호지
千 臂 莊 嚴 普 護 持

고뇌속의 모든중생
일천팔로 거두시며

천안광명변관조
千 眼 光 明 遍 觀 照

일천눈의 광명으로
온세상을 살피시네

진실어중선밀어 眞實語中宣密語	참된말씀 베푸시어 비밀한 뜻 보이시고
무위심내기비심 無爲心內起悲心	하염없는 그맘속에 자비심이 넘칩니다
속령만족제희구 速令滿足諸希求	저희들의 온갖소원 어서빨리 이루옵고
영사멸제제죄업 永使滅除諸罪業	모든죄업 남김없이 깨끗하게 씻어지이다
천룡중성동자호 天龍衆聖同慈護	천룡팔부 모든성중 자비롭게 보살피사
백천삼매돈훈수 百千三昧頓熏修	백천가지 온갖삼매 한꺼번에 깨쳐지이다
수지신시광명당 受持身是光明幢	받아지닌 저희몸은 큰광명의 깃발이요
수지심시신통장 受持心是神通藏	받아지닌 저희마음 신비로운 보장이니

세척진로원제해
洗 滌 塵 勞 願 濟 海

세상티끌 씻어내고
고통바다 어서건너

초증보리방편문
超 證 菩 提 方 便 門

보리법의 방편문을
속히얻게 하여지이다

아금칭송서귀의
我 今 稱 誦 誓 歸 依

대비주를 읽고외워
귀의의뜻 세우나니

소원종심실원만
所 願 從 心 悉 圓 滿

뜻하는일 마음대로
원만하게 하여지이다

나무대비관세음
南 無 大 悲 觀 世 音

자비하신 관세음께
귀의하여 비옵나니

원아속지일체법
願 我 速 知 一 切 法

이세상의 온갖진리
어서빨리 알아지이다

나무대비관세음
南 無 大 悲 觀 世 音

자비하신 관세음께
귀의하여 비옵나니

원아조득지혜안
願 我 早 得 智 慧 眼

부처님의 지혜눈을
어서빨리 얻어지이다

나무대비관세음
南 無 大 悲 觀 世 音

자비하신 관세음께
귀의하여 비옵나니

원아속도일체중
願 我 速 度 一 切 衆

한량없는 모든중생
어서빨리 건져지이다

나무대비관세음
南 無 大 悲 觀 世 音

자비하신 관세음께
귀의하여 비옵나니

원아조득선방편
願 我 早 得 善 方 便

팔만사천 좋은방편
어서빨리 얻어지이다

나무대비관세음
南 無 大 悲 觀 世 音

자비하신 관세음께
귀의하여 비옵나니

원아속승반야선
願 我 速 乘 般 若 船

부처님의 진리의배
어서빨리 올라지이다

나무대비관세음
南 無 大 悲 觀 世 音

자비하신 관세음께
귀의하여 비옵나니

원아조득월고해
願 我 早 得 越 苦 海

생노병사 고해속을
어서빨리 건너지이다

나무대비관세음
南 無 大 悲 觀 世 音

자비하신 관세음께
귀의하여 비옵나니

원아속득계정도
願 我 速 得 戒 定 道

무명벗는 계정혜를
어서빨리 얻어지이다

나무대비관세음
南 無 大 悲 觀 世 音

자비하신 관세음께
귀의하여 비옵나니

원아조등원적산
願 我 早 登 圓 寂 山

생사여읜 열반산에
어서빨리 올라지이다

나무대비관세음
南 無 大 悲 觀 世 音

자비하신 관세음께
귀의하여 비옵나니

원아속회무위사
願 我 速 會 無 爲 舍

하염없는 법의집에
어서빨리 모여지이다

나무대비관세음
南 無 大 悲 觀 世 音

자비하신 관세음께
귀의하여 비옵나니

원아조동법성신
願 我 早 同 法 性 身

절대진리 법성의몸
어서빨리 이뤄지이다

아약향도산 칼산지옥 향해가면
我若向刀山

도산자최절 칼산절로 무너지고
刀山自摧折

아약향화탕 화탕지옥 향해가면
我若向火湯

화탕자고갈(소멸) 화탕절로 말라지고
火湯自枯渴 消滅

아약향지옥 모든지옥 향해가면
我若向地獄

지옥자소멸(고갈) 지옥절로 없어지고
地獄自消滅 枯渴

아약향아귀 아귀세계 향해가면
我若向餓鬼

아귀자포만 아귀절로 배부르고
餓鬼自飽滿

아약향수라 수라세계 향해가면
我若向修羅

악심자조복 악한마음 스러지고
惡心自調伏

아약향축생 짐승세계 향해가면
我若向畜生

자득대지혜 슬기절로 생겨지이다
自得大智慧

나무관세음보살마하살
南無觀世音菩薩摩訶薩

나무대세지보살마하살
南無大勢至菩薩摩訶薩

나무천수보살마하살
南無千手菩薩摩訶薩

나무여의륜보살마하살
南無如意輪菩薩摩訶薩

나무대륜보살마하살
南無大輪菩薩摩訶薩

나무관자재보살마하살
南 無 觀 自 在 菩 薩 摩 訶 薩

나무정취보살마하살
南 無 正 趣 菩 薩 摩 訶 薩

나무만월보살마하살
南 無 滿 月 菩 薩 摩 訶 薩

나무수월보살마하살
南 無 水 月 菩 薩 摩 訶 薩

나무군다리보살마하살
南 無 軍 茶 利 菩 薩 摩 訶 薩

나무십일면보살마하살
南 無 十 一 面 菩 薩 摩 訶 薩

나무제대보살마하살
南 無 諸 大 菩 薩 摩 訶 薩

나무본사아미타불 (세번)
南 無 本 師 阿 彌 陀 佛

신묘장구대다라니 (신비하고 미묘한 다라니)
神 妙 章 句 大 陀 羅 尼

나모라 다나다라 야야 나막알약 바로기제 새바라야 모지 사다바 야 마하 사다바야 마하가로 니가야 옴 살바 바예수 다라나 가라야 다사명 나막 가리다바 이맘 알야 바로기제 새바라 다바 니라간타 나막 하리나야 마발다 이사미 살발타 사다남 수반 아예 염 살바 보다남 바바마라 미수 다감 다냐타 옴 아로계 아로가

마지로가 지가란제 혜혜하례 마하모지 사다바 사마라 사마라 하리나야 구로구로 갈마 사다야 사다야 도로도로 미연제 마하미연제 다라다라 다린나례 새바라 자라자라 마라 미마라 아마라 몰제 예혜혜 로계 새바라 라아 미사미 나사야 나베 사미사미 나사야 모하자라 미사미 나사야 호로호로 마라호로 하례 바나마 나바 사라사라 시리시리 소로소로 못쟈못쟈 모다야 모다야 매

다리야 니라간타 가마사 날사남 바라 하리나야 마낙 사바하 싣다야 사바하 마하싣다야 사바하 싣다유예 새바라야 사바하 니라간타야 사바하 바라하 목카싱하 목카야 사바하 바나마 하따야 사바하 자가라 욕다야 사바하 상카섭나네 모다나야 사바하 마하라 구타다라야 사바하 바마사간타 이사시체다 가릿나 이나야 사바하 먀가라 잘마이바 사나야 사바하

『나모라 다나다라 야야 나막알야 바로기제 새바라야 사바하』(세번)

사방찬 (사방을 찬탄하는 게송)
四方讚

일쇄동방결도량 — 동방에 물뿌려서
一灑東方潔道場 — 청정도량 이루었고

이쇄남방득청량 — 남방에 물뿌려서
二灑南方得淸凉 — 청량함을 얻었으며

삼쇄서방구정토 — 서방에 물뿌려서
三灑西方俱淨土 — 정토세계 이루었고

사쇄북방영안강 — 북방에 물뿌려서
四灑北方永安康 — 영원안락 얻었도다

도량찬 (도량이 깨끗함을 찬탄함)
道場讚

도량청정무하예 — 온도량이 깨끗하여
道場淸淨無瑕穢 — 더러운것 없사오니

삼보천룡강차지 三寶天龍降此地 — 삼보님과 호법천룡 이도량에 내리소서

아금지송묘진언 我今持誦妙眞言 — 제가이제 묘한진언 받아지녀 외우노니

원사자비밀가호 願賜慈悲密加護 — 대자비를 베푸시어 저희들을 살피소서

참회게 (잘못을 참회하는 게송)

懺悔偈

아석소조제악업 我昔所造諸惡業 — 아득한 과거부터 지어왔던 모든악업

개유무시탐진치 皆由無始貪瞋癡 — 크고작은 모든것이 탐진치로 생기었고

종신구의지소생 從身口意之所生 — 몸과말과 뜻을따라 무명으로 지었기에

일체아금개참회 一切我今皆懺悔 — 저희들은 진심으로 참회하고 비나이다

참제업장십이존불 (업장을 참회하면 멸하여
懺除業障十二尊佛 주시는 열두 분의 부처님)

나무참제업장보승장불
南無懺除業障寶勝藏佛

보광왕화염조불
寶光王火燄照佛

일체향화자재력왕불
一切香火自在力王佛

백억항하사결정불
百億恒河沙決定佛

진위덕불
振威德佛

금강견강소복괴산불
金剛堅强消伏壞散佛

보광월전묘음존왕불
普光月殿妙音尊王佛

환희장마니보적불
歡 喜 藏 摩 尼 寶 積 佛

무진향승왕불
無 盡 香 勝 王 佛

사자월불
獅 子 月 佛

환희장엄주왕불
歡 喜 莊 嚴 珠 王 佛

제보당마니승광불
帝 寶 幢 摩 尼 勝 光 佛

십악참회 (열가지 악업을 참회함)
十 惡 懺 悔

살생중죄금일참회 살생한 죄업
殺 生 重 罪 今 日 懺 悔 오늘 참회합니다

투도중죄금일참회 도둑질한 죄업
偸 盜 重 罪 今 日 懺 悔 오늘 참회합니다

사음중죄금일참회 邪淫重罪今日懺悔	사음한 죄업 오늘 참회합니다
망어중죄금일참회 妄語重罪今日懺悔	거짓말한 죄업 오늘 참회합니다
기어중죄금일참회 綺語重罪今日懺悔	꾸며서 말한 죄업 오늘 참회합니다
양설중죄금일참회 兩舌重罪今日懺悔	이간질한 죄업 오늘 참회합니다
악구중죄금일참회 惡口重罪今日懺悔	나쁜말한 죄업 오늘 참회합니다
탐애중죄금일참회 貪愛重罪今日懺悔	탐애한 죄업 오늘 참회합니다
진에중죄금일참회 瞋恚重罪今日懺悔	성내온 죄업 오늘 참회합니다
치암중죄금일참회 癡暗重罪今日懺悔	우치한 죄업 오늘 참회합니다

백겁적집죄 백겁천겁 쌓인 죄업
百劫積集罪

일념돈탕진 한생각에 없어져서
一念頓蕩盡

여화분고초 마른풀을 태우듯이
如火焚枯草

멸진무유여 남김없이 사라지네
滅盡無有餘

죄무자성종심기 죄의자성 본래없어
罪無自性從心起 마음따라 일어나니

심약멸시죄역망 마음만약 없어지면
心若滅時罪亦亡 죄업또한 사라지네

죄망심멸양구공 죄와 마음 모두없애
罪亡心滅兩俱空 두가지다 공해지면

시즉명위진참회 이 경지를 진실로
是則名爲眞懺悔 참회라 이름하네

참회진언 (죄를 참회하는 진언)
懺悔眞言

『옴 살바 못자 모지 사다야
사바하』(세번)

준제공덕취 　　준제보살 크신공덕
准提功德聚

적정심상송 　　일념으로 지송하면
寂靜心常誦

일체제대난 　　그 어떠한 어려움도
一切諸大難

무능침시인 　　침노하지 못하리니
無能侵是人

천상급인간 　　하늘이나 사람이나
天上及人間

수복여불등 　　세존처럼 복받으며
受福如佛等

우차여의주 이 여의주 얻은이는
遇 此 如 意 珠

정획무등등 깨달음을 이루리라
定 獲 無 等 等

『나무 칠구지불모 대준제보살』(세번)

정법계진언 (우주 법계를 깨끗이 하는 진언)
淨 法 界 眞 言

『옴 남』(세번)

호신진언 (몸을 보호하는 진언)
護 身 眞 言

『옴 치림』(세번)

관세음보살 본심미묘 육자대명왕진언
觀世音菩薩 本心微妙 六字大明王眞言

(관세음보살님의 미묘하신 본심을 보이는 여섯자로 된 대명왕 진언)

『옴 마니 반메 훔』(세번)

준제진언 (준제보살의 진언)
准提眞言

나무 사다남 삼먁삼못다 구치남 다냐타『옴 자례주례 준제 사바하 부림』(세번)

아금지송대준제
我今持誦大准提

저희들이 대준제를 지성으로 외우옵고

즉발보리광대원
卽發菩提廣大願

크고넓은 보리심의 서원을 세우오니

원아정혜속원명 선정지혜 함께닦아
願我定慧速圓明 어서빨리 밝아지이다

원아공덕개성취 거룩한 모든공덕
願我功德皆成就 모든함께 이루옵고

원아승복변장엄 높은복과 큰장엄을
願我勝福遍莊嚴 두루두루 갖추어서

원공중생성불도 한량없는 중생들과
願共衆生成佛道 불도를 이루리다

여래십대발원문 (부처님의 열가지 큰 발원문)
如來十大發願文

원아영리삼악도 영원토록 삼악도를
願我永離三惡道 여의옵기 원하오며

원아속단탐진치 하루속히 탐진치를
願我速斷貪瞋癡 끊기를 원하오며

원아상문불법승 한결같이 불법승을
願我常聞佛法僧 듣기를 원하오며

원아근수계정혜
願我勤修戒定慧

부지런히 계정혜
닦기를 원하오며

원아항수제불학
願我恒隨諸佛學

한결같이 부처님법
배우기를 원하오며

원아불퇴보리심
願我不退菩提心

변함없이 보리심
지키기를 원하오며

원아결정생안양
願我決定生安養

결정코 안양세계
태어나기 원하오며

원아속견아미타
願我速見阿彌陀

하루속히 아미타불
만나뵙기 원하오며

원아분신변진찰
願我分身遍塵刹

온세상에 나의분신
두루하기 원하오며

원아광도제중생
願我廣度諸衆生

한량없는 모든중생
제도하기 원합니다

발사홍서원 (네 가지 큰 원을 발함)
發四弘誓願

중생무변서원도 衆生無邊誓願度	한량없는 모든중생 남김없이 건지리다
번뇌무진서원단 煩惱無盡誓願斷	번뇌망상 끝없지만 남김없이 끊으리라
법문무량서원학 法門無量誓願學	한량없는 모든법문 남김없이 배우리다
불도무상서원성 佛道無上誓願成	부처님법 드높지만 남김없이 이루리다
자성중생서원도 自性衆生誓願度	마음의 중생부터 기어코 건지리다
자성번뇌서원단 自性煩惱誓願斷	마음의 번뇌부터 기어코 끊으리라
자성법문서원학 自性法門誓願學	마음의 법문부터 기어코 배우리라

자성불도서원성 마음의 불도부터
自 性 佛 道 誓 願 成 기어코 이루리라

발원이귀명례삼보 (삼보께 귀의하기 원합니다)
發 願 已 歸 命 禮 三 寶

『나무상주시방불 온누리에 항상계신
南 無 常 住 十 方 佛 부처님께 귀의합니다

나무상주시방법 온누리에 항상계신
南 無 常 住 十 方 法 가르침에 귀의합니다

나무상주시방승』 온누리에 항상계신
南 無 常 住 十 方 僧 (세번) 스님들께귀의합니다

정삼업진언 (몸과 입과 마음을 깨끗이 하는 진언)
淨 三 業 眞 言

『옴 사바바바 수다살바 달마
사바바바 수도함』 (세번)

개단진언 (법단을 여는 진언)
開 壇 眞 言

『옴 바아라 놔로 다가다야 삼마야 바라베 사야 훔』(세번)

건단진언 (법단을 세우는 진언)
建 壇 眞 言

『옴 난다난다 나지나지 난다바리 사바하』(세번)

정법계진언 (우주를 깨끗이 하는 진언)
淨 法 界 眞 言

나자색선백 羅 字 色 鮮 白	「나」의 글자는 색이곱고 흰데
공점이엄지 空 點 以 嚴 之	공의 점으로써 장엄하니

여피계명주 如 彼 髻 明 珠	저 육계상의 밝은 구슬같이
치지어정상 置 之 於 頂 上	정상에 놓여 있네
진언동법계 眞 言 同 法 界	진언과 법계가 둘이 아닐세
무량중죄제 無 量 衆 罪 除	한없이 지은 큰죄 소멸케 하니
일체촉예처 一 切 觸 穢 處	일체의 더러운 곳에 닿을 때마다
당가차자문 當 加 此 字 門	마땅히 이 진언을 지송합니다.

『나무 삼만다 못다남 남』(세번)

중단권공
中 壇 勸 供

진공진언
進供眞言

『옴 반자 사바하』(세번)

공양게
供養偈

이차청정향운공 봉헌옹호성중전
以此淸淨香雲供 奉獻擁護聖衆前

감찰재자건간심 원수애납수
鑑察齋者虔懇心 願垂哀納受

원수애납수 원수자비애납수
願垂哀納受 願垂慈悲哀納受

지심정례공양 진법계허공계
至心頂禮供養 盡法界虛空界

화엄회상 상계
華嚴會上 上界

욕색제천중
欲色諸天衆

지심정례공양 진법계허공계
至心頂禮供養 盡法界虛空界

화엄회상 중계
華嚴會上 中界

팔부사왕중
八部四王衆

지심정례공양 진법계허공계
至心頂禮供養 盡法界虛空界

화엄회상 하계 당처
華嚴會上 下界 當處

일체호법선신
一切護法善神

영기등중
靈祇等衆

유원 신중자비 옹호도량 실개
唯願 神衆慈悲 擁護道場 悉皆

수공발보리 시작불사도중생
受供發菩提 施作佛事度衆生

상래가지이흘 공양장진 이차향
上來加持已訖 供養將進 以此香

수 특신공양 향공양 연향공양 등
羞 特伸供養 香供養 然香供養 燈

공양 연등공양 다공양 선다공양
供養 然燈供養 茶供養 仙茶供養

과공양 선과공양 미공양 향미공
果供養 仙果供養 米供養 香米供

양 유원신장 애강도량 불사자비
養 唯願神將 哀降道場 不捨慈悲

수차공양
受此供養

보공양진언
普 供 養 眞 言

『옴 아아나 삼바바 바아라 훔』
(세번)

금강심진언
金 剛 心 眞 言

『옴 오륜이 사바하』(세번)

예적대원만다라니
穢 跡 大 圓 滿 陀 羅 尼

계수예적금강부 석가화현금강신
稽 首 穢 跡 金 剛 部 釋 迦 化 現 金 剛 身

삼두노목아여검 팔비개집항마구
三 頭 弩 目 牙 如 劒 八 臂 皆 執 降 魔 具

독사영락요신비 삼매화륜자수신
毒 蛇 瓔 珞 繞 身 臂 三 昧 火 輪 自 隨 身

천마외도급망량 문설신주개포주
天魔外道及魍魎 聞說神呪皆怖走

원승가지대위력 속성불사무상도
願承加持大威力 速成佛事無上道

『옴 빌실구리 마하바라 한내 믹집믹 혜마니 미길미 마나세 옴자가나 오심모구리 훔 훔 훔 박박 박박박 사바하』(세번)

항마진언
降魔眞言

아이금강삼등방편
我以金剛三等方便

신승금강반월풍륜
身乘金剛半月風輪

단상구방남자광명
壇上口放喃字光明

소여무명소적지신
燒汝無明所積之身

역칙천상공중지하
亦勅天上空中地下

소유일체작제장난
所有一切作諸障難

불선심자개래호궤
不善心者皆來胡跪

청아소설가지법음
聽我所說加持法音

사제포악패역지심
捨諸暴惡悖逆之心

어불법중함기신심
於佛法中咸起信心

옹호도량 역호시주 강복소재
擁護道場 亦護施主 降福消災

『옴 소마니 소마니 훔 하리한나 하리한나 훔 하리한나 바나야 훔 아나야 혹 바아밤 바아라 훔 바탁』(세번)

제석천왕제구예진언
帝釋天王除垢穢眞言

『아지부 제리나 아지부 제리나 미아 제리나 오소 제리나 아부다 제리나 구소 제리나 사바하』(세번)

십대명왕본존진언
十大明王本尊眞言

『옴 호로호로 지따지따 반다반다 하나하나 아미리제 옴 박』(세번)

소청팔부진언
召請八部眞言

『옴 살바디바나 가아나리 사바하』

(세번)

반야심경
般若心經

마하반야바라밀다심경
摩訶般若波羅蜜多心經

관자재보살 행심반야바라밀다시
觀自在菩薩 行深般若波羅蜜多時

조견오온개공 도일체고액 사리
照見五蘊皆空 度一切苦厄 舍利

자 색불이공 공불이색 색즉시공
子 色不異空 空不異色 色卽是空

공즉시색 수상행식 역부여시 사
空卽是色 受想行識 亦復如是 舍

리자 시제법공상 불생불멸 불구
利子 是諸法空相 不生不滅 不垢

부정 부증불감 시고 공중무색
不 淨 不 增 不 減 是 故 空 中 無 色

무수상행식 무안이비설신의 무
無 受 想 行 識 無 眼 耳 鼻 舌 身 意 無

색성향미촉법 무안계 내지 무의
色 聲 香 味 觸 法 無 眼 界 乃 至 無 意

식계 무무명 역무무명진 내지 무
識 界 無 無 明 亦 無 無 明 盡 乃 至 無

노사 역무노사진 무고집멸도 무
老 死 亦 無 老 死 盡 無 苦 集 滅 道 無

지역무득 이무소득고 보리살타
智 亦 無 得 以 無 所 得 故 菩 提 薩 埵

의반야바라밀다고 심무가애 무
依 般 若 波 羅 蜜 多 故 心 無 罣 碍 無

가애고 무유공포 원리전도몽상
罣 碍 故 無 有 恐 怖 遠 離 顚 倒 夢 想

구경열반 삼세제불 의반야바라
究竟涅槃 三世諸佛 依般若波羅

밀다고 득아뇩다라삼먁삼보리
蜜多故 得阿耨多羅三藐三菩提

고지반야바라밀다 시대신주 시대
故知般若波羅蜜多 是大神呪 是大

명주 시무상주 시무등등주 능제
明呪 是無上呪 是無等等呪 能除

일체고 진실불허 고설반야바라
一切苦 眞實不虛 故說般若波羅

밀다주 즉설주왈
蜜多呪 卽說呪曰

『아제아제 바라아제 바라승아제
揭諦揭諦 婆羅揭諦 婆羅僧揭諦

모지 사바하』(세번)
菩提 娑婆訶

불설소재길상다라니
佛說消災吉祥陀羅尼

『나무 사만다 못다남 아바라지 하다사 사나남 다냐타 옴 카카 카혜카혜 훔훔 아바라 아바라 바라아바라 바라아바라 지따지 따 지리지리 빠다 빠다 선지가 시리예 사바하』(세번)

화엄경 약찬게
華嚴經 略纂偈

대방광불화엄경 용수보살약찬게
大方廣佛華嚴經 龍樹菩薩略纂偈

나무화장세계해 비로자나진법신
南無華藏世界海 毘盧遮那眞法身

현재설법노사나 석가모니제여래
現在說法盧舍那 釋迦牟尼諸如來

과거현재미래세 시방일체제대성
過去現在未來世 十方一切諸大聖

근본화엄전법륜 해인삼매세력고
根本華嚴轉法輪 海印三昧勢力故

보현보살제대중 집금강신신중신
普賢菩薩諸大衆 執金剛神身衆神

족행신중도량신 주성신중주지신
足行神衆道場神 主城神衆主地神

주산신중주림신
主山神衆主林神

주약신중주가신
主藥神衆主稼神

주하신중주해신
主河神衆主海神

주수신중주화신
主水神衆主火神

주풍신중주공신
主風神衆主空神

주방신중주야신
主方神衆主夜神

주주신중아수라
主晝神衆阿修羅

가루라왕긴나라
迦樓羅王緊那羅

마후라가야차왕
摩睺羅伽夜叉王

제대용왕구반다
諸大龍王鳩槃茶

건달바왕월천자
乾闥婆王月天子

일천자중도리천
日天子衆忉利天

야마천왕도솔천
夜摩天王兜率天

화락천왕타화천
化樂天王他化天

대범천왕광음천
大梵天王光音天

변정천왕광과천
遍淨天王廣果天

대자재왕불가설 보현문수대보살
大自在王不可說 普賢文殊大菩薩

법혜공덕금강당 금강장급금강혜
法慧功德金剛幢 金剛藏及金剛慧

광염당급수미당 대덕성문사리자
光焰幢及須彌幢 大德聲聞舍利子

급여비구해각등 우바새장우바이
及與比丘海覺等 優婆塞長優婆夷

선재동자동남녀 기수무량불가설
善財童子童男女 其數無量不可說

선재동자선지식 문수사리최제일
善財童子善知識 文殊舍利最第一

덕운해운선주승 미가해탈여해당
德雲海雲善住僧 彌伽解脫與海幢

휴사비목구사선 승열바라자행녀
休舍毘目瞿沙仙 勝熱婆羅慈行女

선견자재주동자 구족우바명지사
善見自在主童子 具足優婆明智士

법보계장여보안 무염족왕대광왕
法寶髻長與普眼 無厭足王大光王

부동우바변행외 우바라화장자인
不動優婆遍行外 優婆羅華長者人

바시라선무상승 사자빈신바수밀
婆施羅船無上勝 獅子嚬伸婆須密

비실지라거사인 관자재존여정취
毘瑟祇羅居士人 觀自在尊與正趣

대천안주주지신 바산바연주야신
大天安住主地神 婆珊婆演主夜神

보덕정광주야신 희목관찰중생신
普德淨光主夜神 喜目觀察衆生神

보구중생묘덕신 적정음해주야신
普救衆生妙德神 寂淨音海主夜神

수호일체주야신 개부수화주야신
守護一切主夜神 開敷樹華主夜神

대원정진력구호 묘덕원만구바녀
大願精進力救護 妙德圓滿瞿婆女

마야부인천주광 변우동자중예각
摩耶夫人天主光 遍友童子衆藝覺

현승견고해탈장 묘월장자무승군
賢勝堅固解脫長 妙月長者無勝軍

최적정바라문자 덕생동자유덕녀
最寂靜波羅門者 德生童子有德女

미륵보살문수등 보현보살미진중
彌勒菩薩文殊等 普賢菩薩微塵衆

어차법회운집래 상수비로자나불
於此法會雲集來 常隨毘盧遮那佛

어연화장세계해 조화장엄대법륜
於蓮華藏世界海 造化莊嚴大法輪

시방허공제세계 역부여시상설법
十方虛空諸世界 亦復如是常說法

육육육사급여삼 일십일일역부일
六六六四及與三 一十一一亦復一

세주묘엄여래상 보현삼매세계성
世主妙嚴如來相 普賢三昧世界成

화장세계노사나 여래명호사성제
華藏世界盧舍那 如來名號四聖諦

광명각품문명품 정행현수수미정
光明覺品問明品 淨行賢首須彌頂

수미정상게찬품 보살십주범행품
須彌頂上偈讚品 菩薩十住梵行品

발심공덕명법품 불승야마천궁품
發心功德明法品 佛昇夜摩天宮品

야마천궁게찬품 십행품여무진장
夜摩天宮偈讚品 十行品與無盡藏

불승도솔천궁품 도솔천궁게찬품
不昇兜率天宮品 兜率天宮偈讚品

십회향급십지품 십정십통십인품
十回向及十地品 十定十通十忍品

아승지품여수량 보살주처불부사
阿僧祇品與壽量 菩薩住處佛不思

여래십신상해품 여래수호공덕품
如來十身相海品 如來隨好功德品

보현행급여래출 이세간품입법계
普賢行及如來出 離世間品入法界

시위십만게송경 삼십구품원만교
是爲十萬偈頌經 三十九品圓滿敎

풍송차경신수지 초발심시변정각
諷誦此經信受持 初發心時便正覺

안좌여시국토해 시명비로자나불
安坐如是國土海 是名毘盧遮那佛

원성취진언
願成就眞言

『옴 아모카 살바다라 사다야
시베 훔』(세번)

보궐진언
補闕眞言

『옴 호로호로 사야모케 사바하』
(세번)

보회향진언
普回向眞言

『옴 삼마라 삼마라 미만나
사라마하 자거라 바 훔』(세번)

화엄성중혜감명　사주인사일념지
華嚴聖衆慧鑑明　四洲人事一念知

애민중생여적자 시고아금공경례
哀愍衆生如赤子 是故我今恭敬禮

고아일심 귀명정례
故我一心 歸命頂禮

축원
祝願

백팔대참회문
百八大懺悔文

1. 대자비로 중생들을 어여삐보사
대희대사 베푸시어 제도하시고
수승하온 지혜덕상 장엄하시니
저희들이 정성다해 예배합니다.

2. 지심귀명례 금강상사
至心歸命禮 金剛上師

3. 귀의불 귀의법 귀의승
歸依佛 歸依法 歸依僧

4. 제가이제 발심하여 예배하옴은
제스스로 복얻거나 천상에나며

성문연각 보살지위 구함아니요
오직오직 최상승을 의지하옵고
아뇩다라 삼보리심 냄이오이다.
원하노니 시방세계 모든중생이
모두함께 무상보리 얻어지이다.

5. 지심귀명례 시방 진허공계
至心歸命禮 十方 盡虛空界

일체제불
一切諸佛

6. 지심귀명례 시방 진허공계
至心歸命禮 十方 盡虛空界

일체존법
一切尊法

7. 지심귀명례 시방 진허공계
至心歸命禮 十方 盡虛空界

일체현성승
一切賢聖僧

8. 지심귀명례 여래 응공 정변지
至心歸命禮 如來 應供 正遍知

명행족 선서 세간해
明行足 善逝 世間解

무상사 조어장부
無上士 調御丈夫

천인사 불세존
天人師 佛世尊

9. 지심귀명례 보광불
至心歸命禮 普光佛

10. 지심귀명례 보명불
至心歸命禮 普明佛

11. 지심귀명례 보정불
至心歸命禮 普淨佛

12. 지심귀명례 다마라발전단향불
至心歸命禮 多摩羅跋栴檀香佛

13. 지심귀명례 전단광불
至心歸命禮 栴檀光佛

14. 지심귀명례 마니당불
至心歸命禮 摩尼幢佛

15. 지심귀명례 환희장마니보적불
至心歸命禮 歡喜藏摩尼寶積佛

16. 지심귀명례
至心歸命禮

일체세간락견상대정진불
一切世間樂見上大精進佛

17. 지심귀명례 마니당등광불
至心歸命禮 摩尼幢燈光佛

18. 지심귀명례 혜거조불
至心歸命禮 慧炬照佛

19. 지심귀명례 해덕광명불
至心歸命禮 海德光明佛

20. 지심귀명례
至心歸命禮

금강뢰강보산금광불
金剛牢强普散金光佛

21. 지심귀명례 대강정진용맹불
至心歸命禮 大强精進勇猛佛

22. 지심귀명례 대비광불
至心歸命禮 大悲光佛

23. 지심귀명례 자력왕불
至心歸命禮 慈力王佛

24. 지심귀명례 자장불
至心歸命禮 慈藏佛

25. 지심귀명례 전단굴장엄승불
至心歸命禮 檀窟莊嚴勝佛佛

26. 지심귀명례 현선수불
至心歸命禮 賢善首佛

27. 지심귀명례 선의불
至心歸命禮 善意佛

28. 지심귀명례 광장엄왕불
至心歸命禮 廣莊嚴王佛

29. 지심귀명례 금화광불
至心歸命禮 金華光佛

30. 지심귀명례
至心歸命禮

보개조공자재력왕불
寶蓋照空自在力王佛

31. 지심귀명례 허공보화광불
至心歸命禮 虛空寶華光佛

32. 지심귀명례 유리장엄왕불
至心歸命禮 琉璃莊嚴王佛

33. 지심귀명례 보현색신광불
至心歸命禮 普賢色身光佛

34. 지심귀명례 부동지광불
至心歸命禮 不動智光佛

35. 지심귀명례 항복중마왕불
至心歸命禮 降伏衆魔王佛

36. 지심귀명례 재광명불
至心歸命禮 才光明佛

37. 지심귀명례 지혜승불
至心歸命禮 智慧勝佛

38. 지심귀명례 미륵선광불
至心歸命禮 彌勒仙光佛

39. 지심귀명례
至心歸命禮

선적월음묘존지왕불
善寂月音妙尊智王佛

40. 지심귀명례 세정광불
至心歸命禮 世淨光佛

41. 지심귀명례 용종상존왕불
至心歸命禮 龍種上尊王佛

42. 지심귀명례 일월광불
至心歸命禮 日月光佛

43. 지심귀명례 일월주광불
至心歸命禮 日月珠光佛

44. 지심귀명례 혜당승왕불
至心歸命禮 慧幢勝王佛

45. 지심귀명례 사자후자재력왕불
至心歸命禮 獅子吼自在力王佛

46. 지심귀명례 묘음승불
至心歸命禮 妙音勝佛

47. 지심귀명례 상광당불
至心歸命禮 常光幢佛

48. 지심귀명례 관세등불
至心歸命禮 觀世燈佛

49. 지심귀명례 혜위등왕불
至 心 歸 命 禮 慧 威 燈 王 佛

50. 지심귀명례 법승왕불
至 心 歸 命 禮 法 勝 王 佛

51. 지심귀명례 수미광불
至 心 歸 命 禮 須 彌 光 佛

52. 지심귀명례 수만나화광불
至 心 歸 命 禮 須 曼 那 華 光 佛

53. 지심귀명례
至 心 歸 命 禮

우담발라화수승왕불
優 曇 鉢 羅 華 殊 勝 王 佛

54. 지심귀명례 대혜력왕불
至 心 歸 命 禮 大 慧 力 王 佛

55. 지심귀명례 아촉비환희광불
至心歸命禮 阿閦毘歡喜光佛

56. 지심귀명례 무량음성왕불
至心歸命禮 無量音聲王佛

57. 지심귀명례 재광불
至心歸命禮 才光佛

58. 지심귀명례 금해광불
至心歸命禮 金海光佛

59. 지심귀명례 산해혜자재통왕불
至心歸命禮 山海慧自在通王佛

60. 지심귀명례 대통광불
至心歸命禮 大通光佛

61. 지심귀명례 일체법상만왕불
至心歸命禮 一切法常滿王佛

62. 지심귀명례 석가모니불
至心歸命禮 釋迦牟尼佛

63. 지심귀명례 금강불괴불
至心歸命禮 金剛不壞佛

64. 지심귀명례 보광불
至心歸命禮 寶光佛

65. 지심귀명례 용존왕불
至心歸命禮 龍尊王佛

66. 지심귀명례 정진군불
至心歸命禮 精進軍佛

67. 지심귀명례 정진희불
至心歸命禮 精進喜佛

68. 지심귀명례 보화불
至心歸命禮 寶火佛

69. 지심귀명례 보월광불
至心歸命禮 寶月光佛

70. 지심귀명례 현무우불
至心歸命禮 現無愚佛

71. 지심귀명례 보월불
至心歸命禮 寶月佛

72. 지심귀명례 무구불
至心歸命禮 無垢佛

73. 지심귀명례 이구불
至心歸命禮 離垢佛

74. 지심귀명례 용시불
至心歸命禮 勇施佛

75. 지심귀명례 청정불
至心歸命禮 淸淨佛

76. 지심귀명례 청정시불
至心歸命禮 淸淨施佛

77. 지심귀명례 사유나불
至心歸命禮 娑留那佛

78. 지심귀명례 수천불
至心歸命禮 水天佛

79. 지심귀명례 견덕불
至心歸命禮 堅德佛

80. 지심귀명례 전단공덕불
至心歸命禮 栴檀功德佛

81. 지심귀명례 무량국광불
至心歸命禮 無量掬光佛

82. 지심귀명례 광덕불
至心歸命禮 光德佛

83. 지심귀명례 무우덕불
至心歸命禮 無優德佛

84. 지심귀명례 나라연불
至心歸命禮 那羅延佛

85. 지심귀명례 공덕화불
至心歸命禮 功德華佛

86. 지심귀명례 연화광유희신통불
至心歸命禮 蓮華光遊戱神通佛

87. 지심귀명례 재공덕불
至心歸命禮 才功德佛

88. 지심귀명례 덕념불
至心歸命禮 德念佛

89. 지심귀명례 선명칭공덕불
至心歸命禮 善名稱功德佛

90. 지심귀명례 홍염제당왕불
至心歸命禮 紅焰帝幢王佛

91. 지심귀명례 선유보공덕불
至心歸命禮 善遊步功德佛

92. 지심귀명례 투전승불
至心歸命禮 鬪戰勝佛

93. 지심귀명례 선유보불
至心歸命禮 善遊步佛

94. 지심귀명례 주잡장엄공덕불
至心歸命禮 周匝莊嚴功德佛

95. 지심귀명례 보화유보불
至心歸命禮 寶華遊步佛

96. 지심귀명례 보련화선주
至心歸命禮 寶蓮華善住

사라수왕불
娑羅樹王佛

97. 지심귀명례 법계장신아미타불
至心歸命禮 法界藏身阿彌陀佛

98. 모든세계 이와같은 제불세존은
모느때나 중생들과 함께하시니
저희들을 이제다시 살펴주소서.
저희들의 지난날을 생각하오면
이생으로 저생으로 그먼생으로
시작없는 옛적부터 내려오면서
가지가지 지은죄가 한이없으니
제스스로 혼자서도 지었사오며
다른이를 시켜서도 짓게하오며
남이하는 나쁜짓을 좋아하였고
탑전이나 삼보도량 갖춘물건도
승물이나 사방승물 가릴것없이

제것인양 마음대로 갖기도하고
다른이를 시켜서도 훔치었으며
상주물건 훔치기를 좋아하였고
무간지옥 떨어지는 오역중죄도
제스스로 혼자서도 지었사옵고
다른이를 시켜서도 지었사오며
남이짓는 오역죄도 좋아하였고
삼악도에 떨어지는 십악중죄도
제스스로 혼자서도 지었사옵고
다른이를 시켜서도 지었사오며
남이짓는 십불선도 좋아했으니
이와같은 모든죄가 태산같으되
어떤것은 지금에도 생각에남고
어떤것은 아득하여 알수없으나

알든말든 지은죄에 오는과보는
지옥아귀 축생도나 다른악취나
변지하천 멸려차로 떨어지리니
제가이제 지성다해 부처님전에
이와같은 모든죄상 참회합니다.

99. 이자리를 함께하신 제불세존은
저희들의 모든일을 알고계시니
자비심을 베푸시어 살펴주소서.
제가다시 제불전에 아뢰옵니다.

저희들이 옛적부터 살아오면서
보시공덕 지었거나 계를가지되
축생에게 먹이한알 준일로부터
청정범행 닦고익힌 정행공덕과

중생들을 성취시킨 선근공덕도
무상보리 수행하는 수행공덕도
위없는 큰지혜의 모든공덕도
모든것을 함께모아 요량하여서
남김없이 보리도에 회향하옵되
시방삼세 상주하신 부처님께서
지으신바 온갖공덕 회향하듯이
저도또한 그와같이 회향합니다.

제가이제 모든죄상 참회하옵고
모든복덕 남김없이 수희하오며
부처님을 청하옵신 공덕으로써
무상지혜 이뤄지길 원하옵니다.
시방삼세 상주하신 부처님들은

시방세계 다함없는 중생들에게
가이없고 한량없는 공덕바다로
제가이제 목숨바쳐 절하옵니다.

100.

가이없는 시방세계 그가운데에
과거현재 미래세의 부처님들께
맑고맑은 몸과말과 뜻을기울여
빠짐없이 두루두루 예경하옵되
보현보살 행과원의 위신력으로
널리일체 부처님전 몸을나투고
한몸다시 찰진수효 몸을나투어
찰진수불 빠짐없이 예경합니다.

101. 일미진중 미진수효 부처님계셔
곳곳마다 많은보살 모이시었고
무진법계 미진에도 또한그같이
부처님이 충만하심 깊이믿으며
몸몸마다 한량없는 음성으로써
다함없는 묘한말씀 모두내어서
오는세상 일체겁이 다할때까지
부처님의 깊은공덕 찬탄합니다.

102.
아름답기 으뜸가는 여러꽃타래
좋은풍류 좋은향수 좋은일산들
이와같은 훌륭하온 장엄구로써
시방삼세 부처님께 공양하오며

으뜸가는 좋은의복 좋은향들과
가루향과 꽂는향과 등과촛불의
낱낱것을 수미산의 높이로모아
일체여래 빠짐없이 공양하오며
넓고크고 수승하온 이내슬기로
시방삼세 부처님을 깊이믿삽고
보현보살 행원력을 모두기울여
일체제불 빠짐없이 공양합니다.

103.

지난세상 제가지은 모든악업들
무시이래 탐심진심 어리석음이
몸과말과 뜻으로서 지었음이라
제가이제 남김없이 참회합니다.

104. 시방세계 여러종류 모든중생과
성문연각 유학무학 여러이승과
시방세계 부처님과 보살님들의
지니옵신 온갖공덕 기뻐합니다.

105.
시방세계 계시옵는 세간등불과
가장처음 보리도를 이루신님께
위없는 묘한법문 설하옵기를
제가이제 지성다해 권청합니다.

106.
부처님이 열반에 들려하시면
무량겁을 이세상에 계시오면서
일체중생 이락하게 살펴주시길
있는지성 기울여서 권청합니다.

107.

부처님을 예찬하고 공양한복덕
오래계셔 법문하심 청하온공덕
기뻐하고 참회하온 온갖선근을
중생들과 보리도에 회향합니다.

108.

원합노니 수승하온 이공덕으로
위없는 진법계에 회향하소서.
이치에도 현상에도 막힘이없고
불법이고 세간이고 걸림이없는
삼보님과 삼매인의 공덕바다를
제가이제 남김없이 회향하오니
모든중생 신구의로 지은업장들

잘못보고 트집잡고 비방도하고
나와법을 집착하여 내던망견들
모든업장 남김없이 소멸되어서
생각생각 큰지혜가 법계에퍼져
모든중생 빠짐없이 건져지이다.
허공계가 다하고 중생다하고
중생업이 다하고 번뇌다함은
넓고크고 가이없고 한량없으니
저희들의 회향도 이러지이다.

나무대행 보현보살
나무대행 보현보살
나무대행 보현보살 (반배)

독경편

- 금강반야바라밀경
- 불설아미타경
- 원각경보안보살장
- 관세음보살보문품
- 천지팔양신주경
- 사대주
- 고왕경
- 몽수경
- 산왕경
- 조왕경
- 해탈주
- 북두주
- 법성게
- 무상계
- 우리말 무상계
- 츰부다라니
- 광명진언

개경게
開經偈

무상심심미묘법 백천만겁난조우
無上甚深微妙法 百千萬劫難遭遇

아금문견득수지 원해여래진실의
我今聞見得受持 願解如來眞實意

개법장진언
開法藏眞言

『옴 아라남 아라다』(세번)

※ 원문 중 ( ) 속 글자는 지금까지 유통되어온 **금강경**의 원문이며, 대한불교조계종 간(刊) **표준금강경**에서는 삭제한 글자이다.
단, 제27 무단무별분의 상(相)*은 유통본에는 없는 글자를 추가한 것이다.

금강반야바라밀경
金剛般若波羅蜜經

제일 법회인유분
第一 法會因由分

여시아문 일시 불 재사위국기수
如是我聞 一時 佛 在舍衛國祇樹

급고독원 여대비구중 천이백오
給孤獨園 與大比丘衆 千二百五

십인구 이시세존 식시 착의지발
十人俱 爾時世尊 食時 著衣持鉢

입사위대성걸식 어기성중 차제
入舍衛大城乞食 於其城中 次第

걸이 환지본처 반사흘 수의발 세
乞已 還至本處 飯食訖 收衣鉢 洗

족이부좌이좌
足已敷座而坐

제이 선현기청분
第二 善現起請分

시 장로수보리 재대중중 즉종좌기
時 長老須菩提 在大衆中 卽從座起

편단우견 우슬착지 합장공경 이백
偏袒右肩 右膝著地 合掌恭敬 而白

불언 희유세존 여래선호념제보살
佛言 希有世尊 如來善護念諸菩薩

선부촉제보살 세존 선남자선여인
善付囑諸菩薩 世尊 善男子善女人

발아뇩다라삼먁삼보리심 응운
發阿耨多羅三藐三菩提心 應云

하주 운하항복기심 불언 선재
何住 云何降伏其心 佛言 善哉

선재 수보리여여소설 여래 선호
善哉 須菩提如汝所說 如來 善護

념제보살 선부촉제보살 여금제청
念諸菩薩 善付囑諸菩薩 汝今諦聽

당위여설 선남자선여인 발아뇩
當爲汝說 善男子善女人 發阿耨

다라삼먁삼보리심 응여시주 여시
多羅三藐三菩提心 應如是住 如是

항복기심 유연세존 원요욕문
降伏其心 唯然世尊 願樂欲聞

제삼 대승정종분
第三 大乘正宗分

불고수보리 제보살마하살 응여
佛告須菩提 諸菩薩摩訶薩 應如

시항복기심 소유일체중생지류
是降伏其心 所有一切衆生之類

약난생 약태생 약습생 약화생
若卵生 若胎生 若濕生 若化生

약유색 약무색 약유상 약무상 약
若有色 若無色 若有想 若無想 若

비유상비무상 아개영입무여열반
非有想非無想 我皆令入無餘涅槃

이멸도지 여시멸도무량무수무
而滅度之 如是滅度無量無數無

변중생 실무중생득멸도자 하이고
邊衆生 實無衆生得滅度者 何以故

수보리 약보살 유아상 인상 중생상
須菩提 若菩薩 有我相 人相 衆生相

수자상 즉비보살
壽者相 卽非菩薩

제사 묘행무주분
第四 妙行無住分

부차수보리 보살어법 응무소주
復次須菩提 菩薩於法 應無所住

행어보시 소위부주색보시 부주
行於布施 所謂不住色布施 不住

성향미촉법보시 수보리 보살
聲香味觸法布施 須菩提 菩薩

응여시보시 부주어상 하이고 약
應如是布施 不住於相 何以故 若

보살부주상보시 기복덕불가사량
菩薩不住相布施 其福德不可思量

수보리 어의운하 동방허공 가사
須菩提 於意云何 東方虛空 可思

량부 불야세존 수보리 남서북방
量不 不也世尊 須菩提 南西北方

사유상하허공 가사량부 불야
四維上下虛空 可思量不 不也

세존 수보리 보살무주상보시복덕
世尊 須菩提 菩薩無住相布施福德

역부여시 불가사량 수보리 보살
亦 復 如 是 不 可 思 量 須 菩 提 菩 薩

단응여소교주
但 應 如 所 敎 住

제오 여리실견분
第五 如理實見分

수보리 어의운하 가이신상 견여
須 菩 提 於 意 云 何 可 以 身 相 見 如

래부 불야세존 불가이신상 득
來 不 不 也 世 尊 不 可 以 身 相 得

견여래 하이고 여래소설신상
見 如 來 何 以 故 如 來 所 說 身 相

즉비신상 불고수보리 범소유상
卽 非 身 相 佛 告 須 菩 提 凡 所 有 相

개시허망 약견제상비상 즉견여래
皆 是 虛 妄 若 見 諸 相 非 相 則 見 如 來

제육 정신희유분
第六 正信希有分

수보리백불언 세존 파유중생
須菩提白佛言 世尊 頗有衆生

득문여시언설장구 생실신부 불
得聞如是言說章句 生實信不 佛

고수보리 막작시설 여래멸후 후
告須菩提 莫作是說 如來滅後 後

오백세 유지계수복자 어차장구
五百歲 有持戒修福者 於此章句

능생신심 이차위실 당지시인
能生信心 以此爲實 當知是人

불어일불이불삼사오불 이종선근
不於一佛二佛三四五佛 而種善根

이어무량 천만불소 종제선근 문시
已於無量 千萬佛所 種諸善根 聞是

장구 내지일념 생정신자 수보리
章句 乃至一念 生淨信者 須菩提

여래실지실견 시제중생 득여시
如來悉知悉見 是諸衆生 得如是

무량복덕 하이고 시제중생 무부아
無量福德 何以故 是諸衆生 無復我

상인상중생상수자상 무법상 역무
相人相衆生相壽者相 無法相 亦無

비법상 하이고 시제중생 약심취상
非法相 何以故 是諸衆生 若心取相

즉위착아인중생수자 약취법상
則爲着我人衆生壽者 若取法相

즉착아인중생수자 하이고 약취
卽着我人衆生壽者 何以故 若取

비법상 즉착아인중생수자 시고
非法相 卽着我人衆生壽者 是故

불응취법 불응취비법 이시의고
不應取法 不應取非法 以是義故

여래상설 여등비구 지아설법 여벌
如來常說 汝等比丘 知我說法 如筏

유자 법상응사 하황비법
喩者 法尙應捨 何況非法

제칠 무득무설분
第七 無得無說分

수보리 어의운하 여래득아뇩다
須菩提 於意云何 如來得阿耨多

라삼먁삼보리야 여래유소설법야
羅三藐三菩提耶 如來有所說法耶

수보리언 여아해불소설의 무유
須菩提言 如我解佛所說義 無有

정법명아뇩다라삼먁삼보리 역무
定法名阿耨多羅三藐三菩提 亦無

유정법여래가설 하이고 여래소
有定法如來可說 何以故 如來所

설법 개불가취 불가설 비법 비비
說法 皆不可取 不可說 非法 非非

법 소이자하 일체현성 개이무위
法 所以者何 一切賢聖 皆以無爲

법 이유차별
法 而有差別

제팔 의법출생분
第八 依法出生分

수보리 어의운하 약인 만삼천대
須菩提 於意云何 若人 滿三千大

천세계칠보 이용보시 시인 소득
千世界七寶 以用布施 是人 所得

복덕 영위다부 수보리언 심다
福德 寧爲多不 須菩提言 甚多

세존 하이고 시복덕 즉비복덕성
世尊 何以故 是福德 卽非福德性

시고여래설복덕다 약부유인 어
是故如來說福德多 若復有人 於

차경중 수지내지사구게등 위타
此經中 受持乃至四句偈等 爲他

인설 기복승피 하이고 수보리
人說 其福勝彼 何以故 須菩提

일체제불 급제불아뇩다라삼먁삼
一切諸佛 及諸佛阿耨多羅三藐三

보리법 개종차경출 수보리 소위
菩提法 皆從此經出 須菩提 所謂

불법자 즉비불법
佛法者 卽非佛法

제구 일상무상분
第九 一相無相分

수보리 어의운하 수다원 능작
須菩提 於意云何 須陀洹 能作

시념 아득수다원과부 수보리언
是念 我得須陀洹果不 須菩提言

불야세존 하이고 수다원 명위
不也世尊 何以故 須陀洹 名爲

입류 이무소입 불입색성향미촉법
入流 而無所入 不入色聲香味觸法

시명수다원 수보리 어의운하 사다
是名須陀洹 須菩提 於意云何 斯陀

함 능작시념 아득사다함과부 수
含 能作是念 我得斯陀含果不 須

보리언 불야세존 하이고 사다함
菩提言 不也世尊 何以故 斯陀含

명일왕래 이실무왕래 시명사다함
名 一 往 來 而 實 無 往 來 是 名 斯 陀 含

수보리 어의운하 아나함 능작시념
須 菩 提 於 意 云 何 阿 那 含 能 作 是 念

아득아나함과부 수보리언 불야
我 得 阿 那 含 果 不 須 菩 提 言 不 也

세존 하이고 아나함 명위불래
世 尊 何 以 故 阿 那 含 名 爲 不 來

이실무불래 시고 명아나함 수보리
而 實 無 不 來 是 故 名 阿 那 含 須 菩 提

어의운하 아라한 능작시념 아득
於 意 云 何 阿 羅 漢 能 作 是 念 我 得

아라한도부 수보리언 불야세존
阿 羅 漢 道 不 須 菩 提 言 不 也 世 尊

하이고 실무유법명아라한 세존
何 以 故 實 無 有 法 名 阿 羅 漢 世 尊

약아라한 작시념 아득아라한도
若阿羅漢 作是念 我得阿羅漢道

즉위착아인중생수자 세존 불설
卽爲着我人衆生壽者 世尊 佛說

아득무쟁삼매인중 최위제일 시제
我得無諍三昧人中 最爲第一 是第

일이욕아라한 (세존) 아부작시념
一離欲阿羅漢 世尊 我不作是念

아시이욕아라한 세존 아약작시념
我是離欲阿羅漢 世尊 我若作是念

아득아라한도 세존 즉불설 수보
我得阿羅漢道 世尊 則不說 須菩

리시요아란나행자 이수보리실무
提是樂阿蘭那行者 以須菩提實無

소행 이명수보리 시요아란나행
所行 而名須菩提 是樂阿蘭那行

제십 장엄정토분
第十 莊嚴淨土分

불고수보리 어의운하 여래석재
佛告須菩提 於意云何 如來昔在

연등불소 어법유소득부 불야
然燈佛所 於法有所得不 不也

세존 여래재연등불소 어법실무
世尊 如來在然燈佛所 於法實無

소득 수보리 어의운하 보살 장엄
所得 須菩提 於意云何 菩薩 莊嚴

불토부 불야세존 하이고 장엄
佛土不 不也世尊 何以故 莊嚴

불토자 즉비장엄 시명장엄 시고
佛土者 則非莊嚴 是名莊嚴 是故

수보리 제보살마하살 응여시생
須菩提 諸菩薩摩訶薩 應如是生

청정심 불응주색생심 불응주성향
清淨心 不應住色生心 不應住聲香

미촉법생심 응무소주 이생기심
味觸法生心 應無所住 而生其心

수보리 비여유인 신여수미산왕
須菩提 譬如有人 身如須彌山王

어의운하 시신위대부 수보리언 심
於意云何 是身爲大不 須菩提言 甚

대세존 하이고 불설비신 시명대신
大世尊 何以故 佛說非身 是名大身

제십일 무위복승분
第十一 無爲福勝分

수보리 여항하중소유사수 여시
須菩提 如恒河中所有沙數 如是

사등항하 어의운하 시제항하사
沙等恒河 於意云何 是諸恒河沙

영위다부 수보리언 심다세존
寧爲多不 須菩提言 甚多世尊

단제항하 상다무수 하황기사
但諸恒河 尙多無數 何況其沙

수보리 아금실언고여 약유선남자
須菩提 我今實言告汝 若有善男子

선여인 이칠보만이소항하사수
善女人 以七寶滿爾所恒河沙數

삼천대천세계 이용보시 득복다부
三千大千世界 以用布施 得福多不

수보리언 심다세존 불고수보리
須菩提言 甚多世尊 佛告須菩提

약선남자선여인 어차경중 내지
若善男子善女人 於此經中 乃至

수지사구게등 위타인설 이차복덕
受持四句偈等 爲他人說 而此福德

승전복덕
勝前福德

제십이 존중정교분
第十二 尊重正敎分

부차수보리 수설시경 내지사구
復次須菩提 隨說是經 乃至四句

게등 당지차처 일체세간천인아
偈等 當知此處 一切世間天人阿

수라 개응공양 여불탑묘 하황유인
修羅 皆應供養 如佛塔廟 何況有人

진능수지독송 수보리 당지시인
盡能受持讀誦 須菩提 當知是人

성취최상제일희유지법 약시경전
成就最上第一希有之法 若是經典

소재지처 즉위유불 약존중제자
所在之處 則爲有佛 若尊重弟子

제십삼 여법수지분
第十三 如法受持分

이시 수보리백불언 세존 당하
爾時 須菩提白佛言 世尊 當何

명차경 아등운하봉지 불고수보리
名此經 我等云何奉持 佛告須菩提

시경명위금강반야바라밀 이시
是經名爲金剛般若波羅蜜 以是

명자 여당봉지 소이자하 수보리
名字 汝當奉持 所以者何 須菩提

불설반야바라밀 즉비반야바라밀
佛說般若波羅蜜 則非般若波羅蜜

시명반야바라밀 수보리 어의운하
是名般若波羅蜜 須菩提 於意云何

여래유소설법부 수보리백불언
如來有所說法不 須菩提白佛言

세존 여래무소설 수보리 어의운하
世尊 如來無所說 須菩提 於意云何

삼천대천세계 소유미진 시위다
三千大千世界 所有微塵 是爲多

부 수보리언 심다세존 수보리
不 須菩提言 甚多世尊 須菩提

제미진 여래설비미진 시명미진
諸微塵 如來說非微塵 是名微塵

여래설세계 비세계 시명세계 수
如來說世界 非世界 是名世界 須

보리 어의운하 가이삼십이상
菩提 於意云何 可以三十二相

견여래부 불야세존 불가이삼십
見如來不 不也世尊 不可以三十

이상 득견여래 하이고 여래설삼십
二相 得見如來 何以故 如來說三十

이상 즉시비상 시명삼십이상 수
二相 卽是非相 是名三十二相 須

보리 약유선남자선여인 이항하사
菩提 若有善男子善女人 以恒河沙

등신명보시 약부유인 어차경중
等身命布施 若復有人 於此經中

내지수지사구게등 위타인설 기복
乃至受持四句偈等 爲他人說 其福

심다
甚多

제십사 이상적멸분
第十四 離相寂滅分

이시 수보리 문설시경 심해의취
爾時 須菩提 聞說是經 深解義趣

체루비읍 이백불언 희유세존
涕淚悲泣 而白佛言 希有世尊

불설여시심심경전 아종석래소득
佛說如是甚深經典 我從昔來所得

혜안 미증득문여시지경 세존 약
慧眼 未曾得聞如是之經 世尊 若

부유인 득문시경 신심청정 즉생
復有人 得聞是經 信心淸淨 則生

실상 당지시인 성취제일희유
實相 當知是人 成就第一希有

공덕 세존 시실상자 즉시비상
功德 世尊 是實相者 則是非相

시고 여래설명실상 세존아금
是故 如來說名實相 世尊我今

득문여시경전 신해수지 부족위난
得聞如是經典 信解受持 不足爲難

약당래세 후오백세 기유중생 득
若當來世 後五百歲 其有衆生 得

문시경 신해수지 시인즉위제일
聞 是 經 信 解 受 持 是 人 則 爲 第 一

희유 하이고 차인 무아상 (무)인상
希 有 何 以 故 此 人 無 我 相 無 人 相

(무)중생상 (무)수자상 소이자하
無 衆 生 相 無 壽 者 相 所 以 者 何

아상즉시비상 인상중생상수자상
我 相 卽 是 非 相 人 相 衆 生 相 壽 者 相

즉시비상 하이고 이일체제상 즉명
卽 是 非 相 何 以 故 離 一 切 諸 相 則 名

제불 불고수보리 여시여시 약부유
諸 佛 佛 告 須 菩 提 如 是 如 是 若 復 有

인 득문시경 불경불포불외 당지시
人 得 聞 是 經 不 驚 不 怖 不 畏 當 知 是

인 심위희유 하이고 수보리 여래
人 甚 爲 希 有 何 以 故 須 菩 提 如 來

설제일바라밀 (즉)비제일바라밀
說 第 一 波 羅 蜜 卽 非 第 一 波 羅 蜜

시명제일바라밀 수보리 인욕바라
是 名 第 一 波 羅 蜜 須 菩 提 忍 辱 波 羅

밀 여래설비인욕바라밀 (시명인욕
蜜 如 來 說 非 忍 辱 波 羅 蜜 是 名 忍 辱

바라밀) 하이고 수보리 여아석위
波 羅 蜜 何 以 故 須 菩 提 如 我 昔 爲

가리왕 할절신체 아어이시 무아
歌 利 王 割 截 身 體 我 於 爾 時 無 我

상 무인상 무중생상 무수자상 하
相 無 人 相 無 衆 生 相 無 壽 者 相 何

이고 아어왕석절절지해시 약유
以 故 我 於 往 昔 節 節 支 解 時 若 有

아상인상중생상수자상 응생진한
我 相 人 相 衆 生 相 壽 者 相 應 生 瞋 恨

수보리 우념과거어오백세 작인욕
須菩提 又念過去於五百世 作忍辱

선인 어이소세 무아상 무인상 무
仙人 於爾所世 無我相 無人相 無

중생상 무수자상 시고 수보리 보
衆生相 無壽者相 是故 須菩提 菩

살 응리일체상 발아뇩다라삼먁
薩 應離一切相 發阿耨多羅三藐

삼보리심 불응주색생심 불응주
三菩提心 不應住色生心 不應住

성향미촉법생심 응생무소주심 약
聲香味觸法生心 應生無所住心 若

심유주 즉위비주 시고 불설보살
心有住 則爲非住 是故 佛說菩薩

심불응주색보시 수보리 보살 위
心不應住色布施 須菩提 菩薩 爲

이익일체중생 응여시보시 여래
利 益 一 切 衆 生 應 如 是 布 施 如 來

설일체제상 즉시비상 우설일체
說 一 切 諸 相 卽 是 非 相 又 說 一 切

중생 즉비중생 수보리 여래 시
衆 生 則 非 衆 生 須 菩 提 如 來 是

진어자 실어자 여어자 불광어자
眞 語 者 實 語 者 如 語 者 不 誑 語 者

불이어자 수보리 여래소득법 차
不 異 語 者 須 菩 提 如 來 所 得 法 此

법무실무허 수보리 약보살 심주
法 無 實 無 虛 須 菩 提 若 菩 薩 心 住

어법 이행보시 여인입암 즉무소
於 法 而 行 布 施 如 人 入 闇 則 無 所

견 약보살 심부주법 이행보시 여
見 若 菩 薩 心 不 住 法 而 行 布 施 如

인유목 일광명조 견종종색 수보
人有目 日光明照 見種種色 須菩

리 당래지세 약유선남자선여인
提 當來之世 若有善男子善女人

능어차경 수지독송 즉위여래 이
能於此經 受持讀誦 則爲如來 以

불지혜 실지시인 실견시인 개득
佛智慧 悉知是人 悉見是人 皆得

성취무량무변공덕
成就無量無邊功德

제십오 지경공덕분
第十五 持經功德分

수보리 약유선남자선여인 초
須菩提 若有善男子善女人 初

일분 이항하사등신보시 중일분
日分 以恒河沙等身布施 中日分

부이항하사등신보시 후일분 역
復以恒河沙等身布施 後日分 亦

이항하사등신보시 여시무량백
以恒河沙等身布施 如是無量百

천만억겁 이신보시 약부유인
千萬億劫 以身布施 若復有人

문차경전 신심불역 기복승피 하황
聞此經典 信心不逆 其福勝彼 何況

서사수지독송 위인해설 수보리
書寫受持讀誦 爲人解說 須菩提

이요언지 시경 유불가사의 불가
以要言之 是經 有不可思議 不可

칭량 무변공덕 여래위발대승자설
稱量 無邊功德 如來爲發大乘者說

위발최상승자설 약유인 능수지
爲發最上乘者說 若有人 能受持

독송 광위인설 여래실지시인
讀誦 廣爲人說 如來悉知是人

실견시인 개득성취불가량불가칭
悉見是人 皆得成就不可量不可稱

무유변불가사의공덕 여시인등
無有邊不可思議功德 如是人等

즉위하담여래아뇩다라삼먁삼보
則爲荷擔如來阿耨多羅三藐三菩

리 하이고 수보리 약요소법자
提 何以故 須菩提 若樂小法者

착아견인견중생견수자견 즉어차
着我見人見衆生見壽者見 則於此

경 불능청수독송 위인해설 수보리
經 不能聽受讀誦 爲人解說 須菩提

재재처처 약유차경 일체세간천
在在處處 若有此經 一切世間天

인아수라 소응공양 당지차처 즉
人阿修羅 所應供養 當知此處 則

위시탑 개응공경 작례위요 이제
爲是塔 皆應恭敬 作禮圍繞 以諸

화향 이산기처
華香 而散其處

제십육 능정업장분
第十六 能淨業障分

부차수보리 선남자선여인 수지
復次須菩提 善男子善女人 受持

독송차경 약위인경천 시인 선세
讀誦此經 若爲人輕賤 是人 先世

죄업 응타악도 이금세인경천고
罪業 應墮惡道 以今世人輕賤故

선세죄업 즉위소멸 당득아뇩다라
先世罪業 則爲消滅 當得阿耨多羅

삼먁삼보리 수보리 아념과거무
三藐三菩提 須菩提 我念過去無

량아승기겁 어연등불전 득치
量阿僧祇劫 於然燈佛前 得値

팔백사천만억나유타제불 실개
八百四千萬億那由他諸佛 悉皆

공양승사 무공과자 약부유인 어후
供養承事 無空過者 若復有人 於後

말세 능수지독송차경 소득공덕
末世 能受持讀誦此經 所得功德

어아소공양제불공덕 백분불급일
於我所供養諸佛功德 百分不及一

천만억분 내지산수비유 소불능급
千萬億分 乃至算數譬喩 所不能及

수보리 약선남자선여인 어후말세
須菩提 若善男子善女人 於後末世

유수지독송차경 소득공덕 아약
有受持讀誦此經 所得功德 我若

구설자 혹유인문 심즉광란 호의
具說者 或有人聞 心則狂亂 狐疑

불신 수보리 당지 시경의 불가
不信 須菩提 當知 是經義 不可

사의 과보역불가사의
思議 果報亦不可思議

제십칠 구경무아분
第十七 究竟無我分

이시 수보리백불언 세존 선남자
爾時 須菩提白佛言 世尊 善男子

선여인 발아뇩다라삼먁삼보리심
善女人 發阿耨多羅三藐三菩提心

운하응주 운하항복기심 불고수
云何應住 云何降伏其心 佛告須

보리 (약)선남자선여인 발아뇩다
菩提 若 善男子善女人 發阿耨多

라삼먁삼보리(심)자 당생여시심
羅三藐三菩提 心 者 當生如是心

아응멸도일체중생 멸도일체중생이
我應滅度一切衆生 滅度一切衆生已

이무유일중생실멸도자 하이고
而無有一衆生實滅度者 何以故

수보리 약보살 유아상인상중생
須菩提 若菩薩 有我相人相衆生

상수자상 즉비보살 소이자하 수
相壽者相 則非菩薩 所以者何 須

보리 실무유법 발아뇩다라삼먁삼
菩提 實無有法 發阿耨多羅三藐三

보리(심)자 수보리 어의운하 여래
菩提 心 者 須菩提 於意云何 如來

어연등불소 유법득아뇩다라삼먁
於 然 燈 佛 所 有 法 得 阿 耨 多 羅 三 藐

삼보리부 불야세존 여아해불소
三 菩 提 不 不 也 世 尊 如 我 解 佛 所

설의 불어연등불소 무유법득아
說 義 佛 於 然 燈 佛 所 無 有 法 得 阿

뇩다라삼먁삼보리 불언 여시여시
耨 多 羅 三 藐 三 菩 提 佛 言 如 是 如 是

수보리 실무유법여래득아뇩다라
須 菩 提 實 無 有 法 如 來 得 阿 耨 多 羅

삼먁삼보리 수보리 약유법여래
三 藐 三 菩 提 須 菩 提 若 有 法 如 來

득아뇩다라삼먁삼보리자 연등불
得 阿 耨 多 羅 三 藐 三 菩 提 者 然 燈 佛

즉불여아수기 여어래세 당득작
則 不 與 我 授 記 汝 於 來 世 當 得 作

불 호석가모니 이실무유법득아
佛 號釋迦牟尼 以實無有法得阿

뇩다라삼먁삼보리 시고 연등불
耨多羅三藐三菩提 是故 然燈佛

여아수기 작시언 여어래세 당득
與我授記 作是言 汝於來世 當得

작불 호석가모니 하이고 여래자
作佛 號釋迦牟尼 何以故 如來者

즉제법여의 약유인언 여래득아
卽諸法如義 若有人言 如來得阿

뇩다라삼먁삼보리 수보리 실무유
耨多羅三藐三菩提 須菩提 實無有

법불득아뇩다라삼먁삼보리 수보
法佛得阿耨多羅三藐三菩提 須菩

리 여래소득아뇩다라삼먁삼보리
提 如來所得阿耨多羅三藐三菩提

어시중 무실무허 시고 여래설 일
於是中 無實無虛 是故 如來說 一

체법 개시불법 수보리 소언일
切法 皆是佛法 須菩提 所言一

체법자 즉비일체법 시고 명일체
切法者 卽非一切法 是故 名一切

법 수보리 비여인신장대 수보리
法 須菩提 譬如人身長大 須菩提

언 세존 여래설인신장대 즉위비
言 世尊 如來說人身長大 則爲非

대신 시명대신 수보리 보살역
大身 是名大身 須菩提 菩薩亦

여시 약작시언 아당멸도 무량중생
如是 若作是言 我當滅度 無量衆生

즉불명보살 하이고 수보리 실무
則不名菩薩 何以故 須菩提 實無

유법명위보살 시고 불설일체법
有 法 名 爲 菩 薩 是 故 佛 說 一 切 法

무아무인무중생무수자 수보리
無 我 無 人 無 衆 生 無 壽 者 須 菩 提

약보살작시언 아당장엄불토 시불
若 菩 薩 作 是 言 我 當 莊 嚴 佛 土 是 不

명보살 하이고 여래설장엄불토자
名 菩 薩 何 以 故 如 來 說 莊 嚴 佛 土 者

즉비장엄 시명장엄 수보리 약보
卽 非 莊 嚴 是 名 莊 嚴 須 菩 提 若 菩

살 통달무아법자 여래설명진시
薩 通 達 無 我 法 者 如 來 說 名 眞 是

보살
菩 薩

제십팔 일체동관분
第十八 一體同觀分

수보리 어의운하 여래유육안부
須菩提 於意云何 如來有肉眼不

여시세존 여래유육안 수보리 어
如是世尊 如來有肉眼 須菩提 於

의운하 여래유천안부 여시세존
意云何 如來有天眼不 如是世尊

여래유천안 수보리 어의운하 여
如來有天眼 須菩提 於意云何 如

래유혜안부 여시세존 여래유
來有慧眼不 如是世尊 如來有

혜안 수보리 어의운하 여래유법
慧眼 須菩提 於意云何 如來有法

안부 여시세존 여래유법안 수보
眼不 如是世尊 如來有法眼 須菩

리 어의운하 여래유불안부 여시
提 於意云何 如來有佛眼不 如是

세존 여래유불안 수보리 어의운하
世尊 如來有佛眼 須菩提 於意云何

여항하중소유사 불설시사부 여시
如恒河中所有沙 佛說是沙不 如是

세존 여래설시사 수보리 어의운하
世尊 如來說是沙 須菩提 於意云何

여일항하중소유사 유여시(사)등항
如一恒河中所有沙 有如是 沙 等恒

하 시제항하소유사수불세계 여시
河 是諸恒河所有沙數佛世界 如是

영위다부 심다세존 불고수보리
寧爲多不 甚多世尊 佛告須菩提

이소국토중 소유중생 약간종심
爾所國土中 所有衆生 若干種心

여래실지 하이고 여래설제심 개
如來悉知 何以故 如來說諸心 皆

위비심 시명위심 소이자하 수보리
爲非心 是名爲心 所以者何 須菩提

과거심불가득 현재심불가득
過去心不可得 現在心不可得

미래심불가득
未來心不可得

제십구 법계통화분
第十九 法界通化分

수보리 어의운하 약유인 만삼천
須菩提 於意云何 若有人 滿三千

대천세계칠보 이용보시 시인 이시
大千世界七寶 以用布施 是人 以是

인연 득복다부 여시세존 차인
因緣 得福多不 如是世尊 此人

이시인연 득복심다 수보리 약
以是因緣 得福甚多 須菩提 若

복덕유실 여래불설득복덕다 이
福德有實 如來不說得福德多 以

복덕무고 여래설득복덕다
福德無故 如來說得福德多

제이십 이색이상분
第二十 離色離相分

수보리 어의운하 불가이구족
須菩提 於意云何 佛可以具足

색신견부 불야세존 여래불응
色身見不 不也世尊 如來不應

이구족색신견 하이고 여래설구
以具足色身見 何以故 如來說具

족색신 즉비구족색신 시명구족
足色身 卽非具足色身 是名具足

색신 수보리 어의운하 여래가이
色身 須菩提 於意云何 如來可以

구족제상견부 불야세존 여래
具足諸相見不 不也世尊 如來

불응이구족제상견 하이고 여래
不應以具足諸相見 何以故 如來

설제상구족 즉비구족 시명제상
說諸相具足 卽非具足 是名諸相

구족
具足

제이십일 비설소설분
第二十一 非說所說分

수보리 여물위여래작시념 아당
須菩提 汝勿謂如來作是念 我當

유소설법 막작시념 하이고 약인
有所說法 莫作是念 何以故 若人

언 여래유소설법 즉위방불 불능
言 如來有所說法 卽爲謗佛 不能

해아소설고 수보리 설법자 무법
解我所說故 須菩提 說法者 無法

가설 시명설법 이시 혜명수보리
可說 是名說法 爾時 慧命須菩提

백불언 세존 파유중생 어미래세
白佛言 世尊 頗有衆生 於未來世

문설시법 생신심부 불언 수보리
聞說是法 生信心不 佛言 須菩提

피비중생 비불중생 하이고 수보리
彼非衆生 非不衆生 何以故 須菩提

중생중생자 여래설비중생 시명
衆生衆生者 如來說非衆生 是名

중생
衆生

제이십이 무법가득분
第二十二 無法可得分

수보리백불언 세존 불득아뇩
須菩提白佛言 世尊 佛得阿耨

다라삼먁삼보리 위무소득야 불언
多羅三藐三菩提 爲無所得耶 佛言

여시여시 수보리 아어아뇩다라삼
如是如是 須菩提 我於阿耨多羅三

먁삼보리 내지무유소법가득 시명
藐三菩提 乃至無有少法可得 是名

아뇩다라삼먁삼보리
阿耨多羅三藐三菩提

제이십삼 정심행선분
第二十三 淨心行善分

부차수보리 시법평등 무유고하
復次須菩提 是法平等 無有高下

시명아뇩다라삼먁삼보리 이무아
是 名 阿 耨 多 羅 三 藐 三 菩 提 以 無 我

무인무중생무수자 수일체선법
無 人 無 衆 生 無 壽 者 修 一 切 善 法

즉득아뇩다라삼먁삼보리 수보리
則 得 阿 耨 多 羅 三 藐 三 菩 提 須 菩 提

소언선법자 여래설 즉비선법
所 言 善 法 者 如 來 說 卽 非 善 法

시명선법
是 名 善 法

제이십사 복지무비분
第 二 十 四 福 智 無 比 分

수보리 약삼천대천세계중 소유
須 菩 提 若 三 千 大 千 世 界 中 所 有

제수미산왕 여시등칠보취 유인
諸 須 彌 山 王 如 是 等 七 寶 聚 有 人

지용보시 약인 이차반야바라밀경
持用布施 若人 以此般若波羅蜜經

내지사구게등 수지독송 위타인설
乃至四句偈等 受持讀誦 爲他人說

어전복덕 백분불급일 백천만억분
於前福德 百分不及一 百千萬億分

내지산수비유 소불능급
乃至算數譬喩 所不能及

제이십오 화무소화분
第二十五 化無所化分

수보리 어의운하 여등물위여래
須菩提 於意云何 汝等勿謂如來

작시념 아당도중생 수보리 막작
作是念 我當度衆生 須菩提 莫作

시념 하이고 실무유중생여래도자
是念 何以故 實無有衆生如來度者

약유중생 여래도자 여래즉유아인
若有衆生 如來度者 如來則有我人

중생수자 수보리 여래설 유아자
衆生壽者 須菩提 如來說 有我者

즉비유아 이범부지인 이위유아
則非有我 而凡夫之人 以爲有我

수보리 범부자 여래설즉비범부
須菩提 凡夫者 如來說則非凡夫

(시명범부)
是名凡夫

제이십육 법신비상분
第二十六 法身非相分

수보리 어의운하 가이삼십이상
須菩提 於意云何 可以三十二相

관여래부 수보리언 여시여시 이삼
觀如來不 須菩提言 如是如是 以三

십이상 관여래 불언 수보리 약이
十二相 觀如來 佛言 須菩提 若以

삼십이상 관여래자 전륜성왕 즉시
三十二相 觀如來者 轉輪聖王 則是

여래 수보리백불언 세존 여아
如來 須菩提白佛言 世尊 如我

해불소설의 불응이삼십이상 관
解佛所說義 不應以三十二相 觀

여래 이시세존 이설게언
如來 爾時世尊 而說偈言

약이색견아 이음성구아
若以色見我 以音聲求我

시인행사도 불능견여래
是人行邪道 不能見如來

제이십칠 무단무멸분
第二十七 無斷無滅分

수보리 여약작시념 여래불이구
須菩提 汝若作是念 如來不以具

족상고 득아뇩다라삼먁삼보리
足相故 得阿耨多羅三藐三菩提

수보리 막작시념 여래불이구족
須菩提 莫作是念 如來不以具足

상고 득아뇩다라삼먁삼보리 수
相故 得阿耨多羅三藐三菩提 須

보리 여약작시념 발아뇩다라삼먁
菩提 汝若作是念 發阿耨多羅三藐

삼보리(심)자 설제법단멸(상)* 막작
三菩提(心)者 說諸法斷滅(相)* 莫作

시념 하이고 발아뇩다라삼먁삼
是念 何以故 發阿耨多羅三藐三

보리심자 어법 불설단멸상
菩提心者 於法 不說斷滅相

제이십팔 불수불탐분
第二十八 不受不貪分

수보리 약보살 이만항하사등세계
須菩提 若菩薩 以滿恒河沙等世界

칠보 지용보시 약부유인 지일체
七寶 持用布施 若復有人 知一切

법무아 득성어인 차보살 승전보
法無我 得成於忍 此菩薩 勝前菩

살소득공덕 (하이고) 수보리 이
薩所得功德 (何以故) 須菩提 以

제보살 불수복덕고 수보리백불언
諸菩薩 不受福德故 須菩提白佛言

세존 운하보살 불수복덕 수보리
世尊 云何菩薩 不受福德 須菩提

보살 소작복덕 불응탐착 시고 설
菩薩 所作福德 不應貪着 是故 說

불수복덕
不受福德

제이십구 위의적정분
第二十九 威儀寂靜分

수보리 약유인언 여래약래약
須菩提 若有人言 如來若來若

거약좌약와 시인 불해아소설의
去若坐若臥 是人 不解我所說義

하이고 여래자 무소종래 역무소거
何以故 如來者 無所從來 亦無所去

고명여래
故名如來

제삼십 일합이상분
第三十 一合理相分

수보리 약선남자선여인 이삼
須菩提 若善男子善女人 以三

천대천세계 쇄위미진 어의운하
千大千世界 碎爲微塵 於意云何

시미진중 영위다부 (수보리언)
是微塵衆 寧爲多不 (須菩提言)

심다세존 하이고 약시미진중 실
甚多世尊 何以故 若是微塵衆 實

유자 불즉불설시미진중 소이자
有者 佛則不說是微塵衆 所以者

하 불설미진중 즉비미진중 시명
何 佛說微塵衆 則非微塵衆 是名

미진중 세존 여래소설삼천대천
微塵衆 世尊 如來所說三千大千

세계 즉비세계 시명세계 하이고
世界 則非世界 是名世界 何以故

약세계실유자 즉시일합상 여래
若世界實有者 則是一合相 如來

설일합상 즉비일합상 시명일합
說 一 合 相 則 非 一 合 相 是 名 一 合

상 수보리 일합상자 즉시불가설
相 須 菩 提 一 合 相 者 則 是 不 可 說

단범부지인 탐착기사
但 凡 夫 之 人 貪 着 其 事

제삼십일 지견불생분
第 三 十 一 知 見 不 生 分

수보리 약인언 불설 아견인견중
須 菩 提 若 人 言 佛 說 我 見 人 見 衆

생견수자견 수보리 어의운하 시
生 見 壽 者 見 須 菩 提 於 意 云 何 是

인 해아소설의부 불야세존 시인
人 解 我 所 說 義 不 不 也 世 尊 是 人

불해여래소설의 하이고 세존
不 解 如 來 所 說 義 何 以 故 世 尊

설아견인견중생견수자견 즉비
說我見人見衆生見壽者見 卽非

아견인견중생견수자견 시명아
我見人見衆生見壽者見 是名我

견인견중생견수자견 수보리 발아
見人見衆生見壽者見 須菩提 發阿

뇩다라삼먁삼보리심자 어일체법
耨多羅三藐三菩提心者 於一切法

응여시지 여시견 여시신해 불생
應如是知 如是見 如是信解 不生

법상 수보리 소언법상자 여래설
法相 須菩提 所言法相者 如來說

즉비법상 시명법상
卽非法相 是名法相

제삼십이 응화비진분
第三十二 應化非眞分

수보리 약유인 이만무량아승기
須 菩 提 若 有 人 以 滿 無 量 阿 僧 祇

세계칠보 지용보시 약유선남자
世 界 七 寶 持 用 布 施 若 有 善 男 子

선여인 발보살심자 지어차경
善 女 人 發 菩 薩 心 者 持 於 此 經

내지사구게등 수지독송 위인연설
乃 至 四 句 偈 等 受 持 讀 誦 爲 人 演 說

기복승피 운하위인연설 불취어상
其 福 勝 彼 云 何 爲 人 演 說 不 取 於 相

여여부동 하이고
如 如 不 動 何 以 故

일체유위법 여몽환포영
一 切 有 爲 法 如 夢 幻 泡 影

여로역여전 응작여시관
如 露 亦 如 電 應 作 如 是 觀

불설시경이 장로수보리 급제비
佛 說 是 經 已 長 老 須 菩 提 及 諸 比

구비구니 우바새우바이 일체세
丘 比 丘 尼 優 婆 塞 優 婆 夷 一 切 世

간천인아수라 문불소설 개대환
間 天 人 阿 修 羅 聞 佛 所 說 皆 大 歡

희 신수봉행
喜 信 受 奉 行

불설아미타경
佛 說 阿 彌 陀 經

여시아문 일시 불 재사위국기수
如 是 我 聞 一 時 佛 在 舍 衛 國 祇 樹

급고독원 여대비구승 천이백오십
給 孤 獨 園 與 大 比 丘 僧 千 二 百 五 十

인 구 개시 대아라한 중소지식 장
人 俱 皆 是 大 阿 羅 漢 衆 所 知 識 長

로사리불 마하목건련 마하가섭
老 舍 利 弗 摩 訶 目 揵 連 摩 訶 迦 葉

마하가전연 마하구치라 이바다
摩 訶 迦 旃 延 摩 訶 俱 絺 羅 離 婆 多

주리반타가 난타 아난타 라후라
周 利 槃 陀 伽 難 陀 阿 難 陀 羅 睺 羅

교범바제 빈두로파라타 가루타
憍 梵 波 提 賓 頭 盧 頗 羅 墮 迦 留 陀

이 마하겁빈나 박구라 아누류타
夷 摩 訶 劫 賓 那 薄 拘 羅 阿 㝹 樓 馱

여시등 제대제자 병제보살마하살
如 是 等 諸 大 弟 子 幷 諸 菩 薩 摩 訶 薩

문수사리법왕자 아일다보살 건
文 殊 師 利 法 王 子 阿 逸 多 菩 薩 乾

타하제보살 상정진보살 여여시등
陀 訶 提 菩 薩 常 精 進 菩 薩 與 如 是 等

제대보살 급석제환인등 무량제
諸 大 菩 薩 及 釋 提 桓 因 等 無 量 諸

천대중 구
天 大 衆 俱

이시 불고 장로사리불 종시서방
爾 時 佛 告 長 老 舍 利 弗 從 是 西 方

과십만억불토 유세계 명왈극락
過 十 萬 億 佛 土 有 世 界 名 曰 極 樂

기토 유불 호아미타 금현재설법
其 土 有 佛 號 阿 彌 陀 今 現 在 說 法

사리불 피토 하고 명위극락 기
舍 利 弗 彼 土 何 故 名 爲 極 樂 其

국중생 무유중고 단수제락 고명
國 衆 生 無 有 衆 苦 但 受 諸 樂 故 名

극락
極 樂

우 사리불 극락국토 칠중난순
又 舍 利 弗 極 樂 國 土 七 重 欄 楯

칠중라망 칠중항수 개시사보 주
七 重 羅 網 七 重 行 樹 皆 是 四 寶 周

잡위요 시고 피국 명위극락
匝 圍 繞 是 故 彼 國 名 爲 極 樂

우 사리불 극락국토 유칠보지
又 舍利弗 極樂國土 有七寶池

팔공덕수 충만기중 지저 순이금
八功德水 充滿其中 池底 純以金

사 포지 사변계도 금은유리 파려
沙 布地 四邊階道 金銀琉璃 頗黎

합성 상유누각 역이금은유리 파려
合成 上有樓閣 亦以金銀琉璃 頗黎

자거적주마노 이엄식지 지중연화
硨渠赤珠瑪瑙 而嚴飾之 池中蓮華

대여거륜 청색청광 황색황광 적
大如車輪 青色青光 黃色黃光 赤

색적광 백색백광 미묘향결 사리
色赤光 白色白光 微妙香潔 舍利

불 극락국토 성취여시 공덕장엄
弗 極樂國土 成就如是 功德莊嚴

우 사리불 피불국토 상작천악
又 舍利弗 彼佛國土 常作天樂

황금위지 주야육시 우천만다라
黃金爲地 晝夜六時 雨天曼多羅

화 기토중생 상이청단 각이의극
華 其土衆生 常以淸旦 各以衣裓

성중묘화 공양타방 십만억불 즉
盛衆妙華 供養他方 十萬億佛 卽

이식시 환도본국 반사경행 사리
以食時 還到本國 飯食經行 舍利

불 극락국토 성취여시 공덕장엄
弗 極樂國土 成就如是 功德莊嚴

부차 사리불 피국 상유종종기묘
復次 舍利弗 彼國 常有種種奇妙

잡색지조 백학 공작 앵무 사리
雜色之鳥 白鶴 孔雀 鸚鵡 舍利

가릉빈가 공명지조 시제중조 주
迦陵頻伽 共命之鳥 是諸衆鳥 晝

야 육시 출화아음 기음연창 오근
夜 六時 出和雅音 其音演暢 五根

오력 칠보리분 팔성도분 여시등법
五力 七菩提分 八聖道分 如是等法

기토중생 문시음이 개실염불 염
其土衆生 聞是音已 皆悉念佛 念

법 염승 사리불 여물위 차조 실시
法 念僧 舍利弗 汝勿謂 此鳥 實是

죄보소생 소이자하 피불국토 무
罪報所生 所以者何 彼佛國土 無

삼악도 사리불 기불국토 상무악도
三惡道 舍利弗 其佛國土 尙無惡道

지명 하황유실 시제중조 개시아
之名 何況有實 是諸衆鳥 皆是阿

미타불 욕령법음선류 변화소작
彌陀佛 欲令法音宣流 變化所作

사리불 피불국토 미풍취동
舍利弗 彼佛國土 微風吹動

제보항수 급보라망 출미묘음 비
諸寶行樹 及寶羅網 出微妙音 譬

여백천종악 동시구작 문시음자
如百千鍾樂 同時俱作 聞是音者

자연개생염불 염법 염승지심
自然皆生念佛 念法 念僧之心

사리불 기불국토 성취여시 공덕장
舍利弗 其佛國土 成就如是 功德莊

엄 사리불 어 여의운하 피불 하
嚴舍利弗 於 汝意云何 彼佛 何

고 호아미타 사리불 피불 광명무
故 號阿彌陀 舍利弗 彼佛 光明無

량 조시방국 무소장애 시고 호위
量 照十方國 無所障礙 是故 號爲

아미타
阿彌陀

우 사리불 피불 수명 급기인민
又 舍利弗 彼佛 壽命 及其人民

무량무변 아승지겁 고명아미타
無量無邊 阿僧祇劫 故名阿彌陀

사리불 아미타불 성불이래 어금
舍利弗 阿彌陀佛 成佛以來 於今

십겁
十劫

우 사리불 피불 유무량무변성문
又 舍利弗 彼佛 有無量無邊聲聞

제자 개아라한 비시산수지소능
弟子 皆阿羅漢 非是算數之所能

지 제보살중 역부여시 사리불
知 諸菩薩衆 亦復如是 舍利弗

피불국토 성취여시 공덕장엄
彼佛國土 成就如是 功德莊嚴

우 사리불 극락국토 중생생자 개
又 舍利弗 極樂國土 衆生生者 皆

시아비발치 기중 다유일생보처
是阿鞞跋致 其中 多有一生補處

기수심다 비시산수 소능지지 단
其數甚多 非是算數 所能知之 但

가이무량무변 아승지설
可以無量無邊 阿僧祇說

사리불 중생문자 응당발원 원생
舍利弗 衆生聞者 應當發願 願生

피국 소이자하 득여여시제상선
彼國 所以者何 得與如是諸上善

인 구회일처
人 俱會一處

사리불 불가이소선근복덕인연
舍利弗 不可以少善根福德因緣

득생피국 사리불 약유선남자선
得生彼國 舍利弗 若有善男子善

여인 문설아미타불 집지명호 약
女人 聞說阿彌陀佛 執持名號 若

일일 약이일 약삼일 약사일 약
一日 若二日 若三日 若四日 若

오일 약육일 약칠일 일심불란 기인
五日 若六日 若七日 一心不亂 其人

임명종시 아미타불 여제성중 현
臨命終時 阿彌陀佛 與諸聖衆 現

재기전 시인종시 심불전도 즉득
在其前 是人終時 心不顚倒 卽得

왕생 아미타불 극락국토
往生 阿彌陀佛 極樂國土

사리불 아견시리 고설차언 약유
舍利弗 我見是利 故說此言 若有

중생 문시설자 응당발원 생피국토
衆生 聞是說者 應當發願 生彼國土

사리불 여아금자 찬탄아미타불
舍利弗 如我今者 讚歎阿彌陀佛

불가사의공덕지리 동방 역유아촉
不可思議功德之利 東方 亦有阿閦

비불 수미상불 대수미불 수미광
鞞佛 須彌相佛 大須彌佛 須彌光

불 묘음불 여시등 항하사수제불
佛 妙音佛 如是等 恒河沙數諸佛

각어기국 출광장설상 변부삼천
各於其國 出廣長舌相 遍覆三千

대천세계 설성실언 여등중생 당
大千世界 說誠實言 汝等衆生 當

신시칭찬불가사의공덕 일체제불
信是稱讚不可思議功德 一切諸佛

소호념경
所護念經

사리불 남방세계 유일월등불 명
舍利弗 南方世界 有日月燈佛 名

문광불 대염견불 수미등불 무량
聞光佛 大餤肩佛 須彌燈佛 無量

정진불 여시등 항하사수제불 각
精進佛 如是等 恒河沙數諸佛 各

어기국 출광장설상 변부삼천대
於其國 出廣長舌相 遍覆三千大

천세계 설성실언 여등중생 당신
千世界 說誠實言 汝等衆生 當信

시칭찬불가사의공덕 일체제불
是稱讚不可思議功德 一切諸佛

소호념경
所護念經

사리불 서방세계 유무량수불 무
舍利弗 西方世界 有無量壽佛 無

량상불 무량당불 대광불 대명불
量相佛 無量幢佛 大光佛 大明佛

보상불 정광불 여시등 항하사수
寶相佛 淨光佛 如是等 恒河沙數

제불 각어기국 출광장설상 변부
諸佛 各於其國 出廣長舌相 遍覆

삼천대천세계 설성실언 여등중생
三千大千世界 說誠實言 汝等衆生

당신시칭찬불가사의공덕 일체제
當信是稱讚不可思議功德 一切諸

불 소호념경
佛 所護念經

사리불 북방세계 유염견불 최승
舍利弗 北方世界 有燄肩佛 最勝

음불 난저불 일생불 망명불 여
音佛 難沮佛 日生佛 網明佛 如

시등 항하사수제불 각어기국 출
是等 恒河沙數諸佛 各於其國 出

광장설상 변부삼천대천세계 설
廣長舌相 遍覆三千大千世界 說

성실언 여등중생 당신시칭찬불가
誠實言 汝等衆生 當信是稱讚不可

사의공덕 일체제불 소호념경
思議功德 一切諸佛 所護念經

사리불 하방세계 유사자불 명문
舍利弗 下方世界 有獅子佛 名聞

불 명광불 달마불 법당불 지법불
佛 名光佛 達磨佛 法幢佛 持法佛

여시등 항하사수제불 각어기국
如是等 恒河沙數諸佛 各於其國

출광장설상 변부삼천대천세계
出廣長舌相 遍覆三千大千世界

설성실언 여등중생 당신시칭찬
說誠實言 汝等衆生 當信是稱讚

불가사의공덕 일체제불 소호념경
不可思議功德 一切諸佛 所護念經

사리불 상방세계 유범음불 숙왕
舍利弗 上方世界 有梵音佛 宿王

불 향상불 향광불 대염견불 잡
佛 香上佛 香光佛 大餤肩佛 雜

색보화엄신불 사라수왕불 보화
色寶華嚴身佛 娑羅樹王佛 寶華

덕불 견일체의불 여수미산불 여
德佛 見一切義佛 如須彌山佛 如

시등 항하사수제불 각어기국 출
是等 恒河沙數諸佛 各於其國 出

광장설상 변부삼천대천세계 설
廣長舌相 遍覆三千大千世界 說

성실언 여등중생 당신시칭찬불
誠實言 汝等衆生 當信是稱讚不

가사의공덕 일체제불 소호념경
可思議功德 一切諸佛 所護念經

사리불 어여의운하 하고 명위일
舍利弗 於汝意云何 何故 名爲一

체제불 소호념경 사리불 약유선
切諸佛 所護念經 舍利弗 若有善

남자선여인 문시경 수지자 급문
男子善女人 聞是經 受持者 及聞

제불명자 시제선남자선여인 개
諸佛名者 是諸善男子善女人 皆

위일체제불지소호념 개득불퇴전
爲一切諸佛之所護念 皆得不退轉

어아뇩다라삼먁삼보리 시고 사리
於阿耨多羅三藐三菩提 是故 舍利

불 여등 개당신수아어 급제불소설
弗 汝等 皆當信受我語 及諸佛所說

사리불 약유인 이발원 금발원 당
舍利弗 若有人 已發願 今發願 當

발원 욕생아미타불국자 시제인
發願 欲生阿彌陀佛國者 是諸人

등 개득불퇴전 어아뇩다라삼먁
等 皆得不退轉 於阿耨多羅三藐

삼보리 어피국토 약이생 약금생
三菩提 於彼國土 若已生 若今生

약당생 시고 사리불 제선남자선여
若當生 是故 舍利弗 諸善男子善女

인 약유신자 응당발원 생피국토
人 若有信者 應當發願 生彼國土

사리불 여아금자 칭찬제불 불
舍利弗 如我今者 稱讚諸佛 不

가사의공덕 피제불등 역칭찬아
可思議功德 彼諸佛等 亦稱讚我

불가사의공덕 이작시언 석가모
不可思議功德 而作是言 釋迦牟

니불 능위심난희유지사 능어사
尼佛 能爲甚難希有之事 能於娑

바국토 오탁악세 겁탁 견탁 번
婆國土 五濁惡世 劫濁 見濁 煩

뇌탁 중생탁 명탁중 득아뇩다라
惱濁 衆生濁 命濁中 得阿耨多羅

삼먁삼보리 위제중생 설시일체
三藐三菩提 爲諸衆生 說是一切

세간 난신지법
世間 難信之法

사리불 당지 아어오탁악세 행차
舍利弗 當知 我於五濁惡世 行此

난사 득아뇩다라삼먁삼보리 위
難事 得阿耨多羅三藐三菩提 爲

일체세간 설차난신지법 시위심난
一切世間 說此難信之法 是爲甚難

불설차경이 사리불 급제비구 일
佛說此經已 舍利弗 及諸比丘 一

체세간 천인 아수라등 문불소설
切世間 天人 阿修羅等 聞佛所說

환희신수 작례이거
歡喜信受 作禮而去

원각경보안보살장
圓覺經普眼菩薩章

어시 보안보살 재대중중 즉종좌기
於是 普眼菩薩 在大衆中 卽從座起

정례불족 우요삼잡 장궤차수
頂禮佛足 右遶三匝 長跪叉手

이백불언
而白佛言

대비세존 원위차회 제보살중 급위
大悲世尊 願爲此會 諸菩薩衆 及爲

말세일체중생 연설보살수행점차
末世一切衆生 演說菩薩修行漸次

운하사유 운하주지 중생미오 작하
云何思惟 云何住持 衆生未悟 作何

방편 보령개오
方便 普令開悟

세존 약피중생 무정방편 급정사유
世尊 若彼衆生 無正方便 及正思惟

문불여래 설차삼매 심생미민 즉
聞佛如來 設此三昧 心生迷悶 卽

어원각 불능오입 원흥자비 위아
於圓覺 不能悟入 願興慈悲 爲我

등배 급말세중생 가설방편 작시
等輩 及末世衆生 假說方便 作是

어이 오체투지 여시삼청 종이부시
語已 五體投地 如是三請 終而復始

이시 세존 고보안보살언 선재선
爾時 世尊 告普眼菩薩言 善哉善

재 선남자 여등 내능위제보살 급
哉 善男子 汝等 乃能爲諸菩薩 及

말세중생 문어여래수행점차 사유
末世衆生 問於如來修行漸次 思惟

주지 내지가설종종방편 여금제청
住持 乃至假說種種方便 汝今諦聽

당위여설 시 보안보살 봉교환희
當爲汝說 時 普眼菩薩 奉敎歡喜

급제대중 묵연이청
及諸大衆 默然而聽

선남자 피신학보살 급말세중생
善男子 彼新學菩薩 及末世衆生

욕구여래정원각심 응당정념 원리
欲求如來淨圓覺心 應當正念 遠離

제환
諸幻

선의여래사마타행 견지금계 안처
先依如來奢摩他行 堅持禁戒 安處

도중 연좌정실 항작시념 아금차신
徒衆 宴坐靜室 恒作是念 我今此身

사대화합 소위발모조치 피육근골
四大和合 所謂發毛瓜齒 皮肉筋骨

수뇌구색 개귀어지 타체농혈
髓腦垢色 皆歸於地 唾涕膿血

진액연말 담루정기 대소변리
津液涎沫 淡淚精氣 大小便利

개귀어수 난기 귀화 동전 귀풍
皆歸於水 煖氣 歸火 動轉 歸風

사대각리 금자망신 당재하처 즉
四大各離 今者亡身 當在何處 卽

지차신 필경무체 화합위상 실동
知此身 畢竟無體 和合爲相 實同

환화 사연 가합 망유육근 육근
幻化 四緣 假合 妄有六根 六根

사대 중외합성 망유연기 어중 적취
四大 中外合成 妄有緣氣 於中 積聚

사유연상 가명위심
似有緣相 假名爲心

선남자 차허망신 약무육진 즉불
善男子 此虛妄心 若無六塵 則不

능유 사대분해 무진가득 어중연진
能有 四大分解 無塵可得 於中緣塵

각귀산멸 필경무유연심가견 선남
各歸散滅 畢竟無有緣心可見 善男

자 피지중생 환신 멸고 환심 역멸
子 彼之衆生 幻身 滅故 幻心 亦滅

환심 멸고 환진 역멸 환진 멸고
幻心 滅故 幻塵 亦滅 幻塵 滅故

환멸 역멸 환멸 멸고 비환 불멸
幻滅 亦滅 幻滅 滅故 非幻 不滅

비여마경 구진명현
譬如磨鏡 垢盡明現

선남자 당지신심 개위환구 구상
善男子 當知身心 皆爲幻垢 垢相

영멸 시방청정
永滅 十方淸淨

선남자 비여청정마니보주 영어
善男子 譬如淸淨摩尼寶珠 映於

오색 수방각현 제우치자 견피마니
五色 隨方各現 諸愚癡者 見彼摩尼

실유오색 선남자 원각정성 현어
實有五色 善男子 圓覺淨性 現於

신심 수류각응 피우치자 설정원각
身心 隨類各應 彼愚癡者 說淨圓覺

실유여시신심자상 역부여시 유차
實有如是身心自相 亦復如是 由此

불능원어환화 시고 아설신심환구
不能遠於幻化 是故 我說身心幻垢

대리환구 설명보살 구진 대제
對離幻垢 說明菩薩 垢盡 對除

즉무대구 급설명자
卽無對垢 及說名者

선남자 차보살 급말세중생 증득
善男子 此菩薩 及末世衆生 證得

제환 멸영상고 이시 변득무방청정
諸幻 滅影像故 爾時 便得無方淸淨

무변허공 각소현발 각원명고 현심
無邊虛空 覺所顯發 覺圓明故 顯心

청정 심청정고 견진 청정 견청
淸淨 心淸淨故 見塵 淸淨 見淸

정고 안근 청정 근청정고 안식
淨故 眼根 淸淨 根淸淨故 眼識

청정 식청정고 문진 청정 문청
清淨 識清淨故 聞塵 清淨 聞清

정고 이근 청정 근청정고 이식
淨故 耳根 清淨 根清淨故 耳識

청정 식청정고 각진 청정 여시
清淨 識清淨故 覺塵 清淨 如是

내지비설신의 역부여시
乃至鼻舌身意 亦復如是

선남자 근청정고 색진청정 색청
善男子 根清淨故 色塵清淨 色清

정고 성진청정 향미촉법 역부여시
淨故 聲塵清淨 香味觸法 亦復如是

선남자 육진청정고 지대청정 지
善男子 六塵清淨故 地大清淨 地

청정고 수대청정 화대풍대 역부
清淨故 水大清淨 火大風大 亦復

여시
如是

선남자 사대청정고 십이처 십팔계
善男子 四大淸淨故 十二處 十八界

이십오유 청정 피청정고 십력
二十五有 淸淨 彼淸淨故 十力

사무소외 사무애지 불십팔불공법
四無所畏 四無碍智 佛十八不共法

삼십칠조도품 청정 여시 내지팔
三十七助道品 淸爭 如是 乃至八

만사천다라니문 일체청정
萬四千陀羅尼門 一切淸淨

선남자 일체실상 성청정고 일신
善男子 一切實相 性淸爭故 一身

청정 일신청정고 다신청정 다신
淸淨 一身淸爭故 多身淸淨 多身

청정고 여시 내지 시방중생 원
淸爭故 如是 乃至 十方衆生 圓

각청정
覺淸淨

선남자 일세계청정고 다세계청
善男子 一世界淸淨故 多世界淸

정 다세계청정고 여시 내지 진어
淨 多世界淸淨故 如是 乃至 盡於

허공 원과삼세 일체평등 청정부동
虛空 圓裹三世 一切平等 淸淨不動

선남자 허공 여시평등부동 당지
善男子 虛空 如是平等不動 當知

각성 평등부동 사대부동고 당지
覺性 平等不動 四大不動故 當知

각성 평등부동 여시 내지 팔만사
覺性 平等不動 如是 乃至 八萬四

천다라니문 평등부동 당지각성
千 陀 羅 尼 門 平 等 不 動 當 知 覺 性

평등부동
平 等 不 動

선남자 각성 변만 청정부동 원무
善 男 子 覺 性 偏 滿 淸 淨 不 動 圓 無

제고 당지육근 변만법계 근 변
際 故 當 知 六 根 偏 滿 法 界 根 偏

만고 당지육진 변만법계 진 변
滿 故 當 知 六 塵 偏 滿 法 界 塵 偏

만고 당지사대 변만법계 여시내
滿 故 當 知 四 大 偏 滿 法 界 如 是 乃

지 다라니문 변만법계
至 陀 羅 尼 門 偏 滿 法 界

선남자 유피묘각 성변만고 근성
善 異 子 由 彼 妙 覺 性 偏 滿 故 根 性

진성 무괴무잡 근진무괴고 여시
塵性 無壞無雜 根塵無壞故 如是

내지 다라니문 무괴무잡 여백천등
乃至 陀羅尼門 無壞無雜 如百千燈

광조일실 기광변만 무괴무잡
光照一室 其光徧滿 無壞無雜

선남자 각성취고 당지보살 불여
善男子 覺成就故 當知菩薩 不與

법박 불구법탈 불염생사 불애열반
法縛 不求法脫 不厭生死 不愛涅槃

불경지계 부증훼금 부중구습 불
不敬持戒 不憎毁禁 不重久習 不

경초학 하이고 일체각고 비여안광
輕初學 何以故 一切覺故 譬如眼光

효료전경 기광 원만 득무증애
曉了前境 其光 圓滿 得無憎愛

하이고 광체무이 무증애고
何 以 故 光 體 無 二 無 憎 愛 故

선남자 차보살 급말세중생 수습
善 男 子 此 菩 薩 及 末 世 衆 生 修 習

차심 득성취자 어차 무수 역무
此 心 得 成 就 者 於 此 無 修 亦 無

성취 원각 보조 적멸 무이어중
成 就 圓 覺 普 照 寂 滅 無 二 於 中

백천만억아승지 불가설항하사
百 千 萬 億 阿 僧 祇 不 可 說 恒 河 沙

제불세계 유여공화 난기난멸 부
諸 佛 世 界 猶 如 空 華 亂 起 亂 滅 不

즉불리 무박무탈 시지중생 본래
卽 不 離 無 縛 無 脫 始 知 衆 生 本 來

성불 생사열반 유여작몽
成 佛 生 死 涅 槃 猶 如 昨 夢

선남자 여작몽고 당지생사 급여
善男子 如昨夢故 當知生死 及與

열반 무기무멸 무래무거 기소증자
涅槃 無起無滅 無來無去 其所證者

무득무실 무취무사 기능증자 무
無得無失 無取無捨 其能證者 無

작무지 무임무멸 어차증중 무능
作無止 無任無滅 於此證中 無能

무소 필경무증 역무증자 일체법성
無所 畢竟無證 亦無證者 一切法性

평등불괴
平等不壞

선남자 피제보살 여시수행 여시
善男子 彼諸菩薩 如是修行 如是

점차 여시사유 여시주지 여시방
漸次 如是思惟 如是住持 如是方

편 여시개오 구여시법 역불미민
便 如是開悟 求如是法 亦不迷悶

이시세존 욕중선차의 이설게언
爾時世尊 欲重宣此義 而設偈言

보안여당지 일체제중생
普眼汝當知 一切諸衆生

신심개여환 신상속사대
身心皆如幻 身相屬四大

심성귀육진 사대체각리
心性歸六塵 四大體各離

수위화합자 여시점수행
誰爲和合者 如是漸修行

일체실청정 부동변법계
一切悉淸淨 不動徧法界

무작지임멸 역무능증자
無作止任滅 亦無能證者

일체불세계 유여허공화
一切佛世界 猶如虛空華

삼세실평등 필경무래거
三世悉平等 畢竟無來去

초발심보살 급말세중생
初發心菩薩 及末世衆生

욕구입불도 응여시수습
欲求入佛道 應如是修習

관세음보살보문품
觀 世 音 菩 薩 普 門 品

이시 무진의보살 즉종좌기 편단
爾時 無盡意菩薩 卽從座起 偏袒

우견 합장향불 이작시언 세존
右肩 合掌向佛 而作是言 世尊

관세음보살 이하인연 명관세음
觀世音菩薩 以何因緣 名觀世音

불고무진의보살 선남자 약유무
佛告無盡意菩薩 善男子 若有無

량백천만억중생 수제고뇌 문시
量百千萬億衆生 受諸苦惱 聞是

관세음보살 일심칭명 관세음보
觀世音菩薩 一心稱名 觀世音菩

살 즉시 관기음성 개득해탈 약유
薩 卽時 觀其音聲 皆得解脫 若有

지시관세음보살명자 설입대화
持是觀世音菩薩名者 設入大火

화불능소 유시보살 위신력고 약
火不能燒 由是菩薩 威神力故 若

위대수소표 칭기명호 즉득천처
爲大水所漂 稱其名號 卽得淺處

약유백천만억중생 위구금 은 유
若有百千萬億衆生 爲求金 銀 琉

리 자거 마노 산호 호박 진주등보
璃 硨磲 瑪瑙 珊瑚 琥珀 眞珠等寶

입어대해 가사흑풍 취기선방 표
入於大海 假使黑風 吹其船舫 飄

타나찰귀국 기중 약유내지일인
墮羅刹鬼國 其中 若有乃至一人

칭관세음보살명자 시제인등 개
稱觀世音菩薩名者 是諸人等 皆

득해탈 나찰지난 이시인연 명관
得解脫 羅刹之難 以是因緣 名觀

세음
世音

약부유인 임당피해 칭관세음보
若復有人 臨當被害 稱觀世音菩

살명자 피소집도장 심단단괴 이
薩名者 彼所執刀杖 尋段段壞 而

득해탈 약삼천대천국토 만중야
得解脫 若三千大千國土 滿中夜

차나찰 욕래뇌인 문기칭관세
叉羅刹 欲來惱人 聞其稱觀世

음보살명자 시제악귀 상불능이
音菩薩名者 是諸惡鬼 尙不能以

악안시지 황부가해 설부유인 약
惡眼視之 況復加害 設復有人 若

유죄 약무죄 추계가쇄 검계기신
有罪 若無罪 杻械枷鎖 檢繫其身

칭관세음보살명자 개실단괴 즉
稱觀世音菩薩名者 皆悉斷壞 卽

득해탈 약삼천대천국토 만중원
得解脫 若三千大千國土 滿中怨

적 유일상주 장제상인 재지중보
賊 有一商主 將諸商人 齎持重寶

경과험로 기중일인 작시창언 제
經過險路 其中一人 作是唱言 諸

선남자 물득공포 여등 응당일심
善男子 勿得恐怖 汝等 應當一心

칭관세음보살명호 시보살 능이
稱觀世音菩薩名號 是菩薩 能以

무외 시어중생 여등 약칭명자 어
無畏 施於衆生 汝等 若稱名者 於

차원적 당득해탈 중상인문 구발
此怨賊 當得解脫 衆商人聞 俱發

성언 나무관세음보살 칭기명고
聲言 南無觀世音菩薩 稱其名故

즉득해탈 무진의 관세음보살마
卽得解脫 無盡意 觀世音菩薩摩

하살 위신지력 외외여시
訶薩 威神之力 巍巍如是

약유중생 다어음욕 상념공경 관세
若有衆生 多於淫欲 常念恭敬 觀世

음보살 변득이욕 약다진에 상념
音菩薩 便得離欲 若多瞋恚 常念

공경 관세음보살 변득이진 약다
恭敬 觀世音菩薩 便得離瞋 若多

우치 상념공경 관세음보살 변득이
愚癡 常念恭敬 觀世音菩薩 便得離

치 무진의 관세음보살 유여시등대
癡 無盡意 觀世音菩薩 有如是等大

위신력 다소요익 시고 중생 상응
威神力 多所饒益 是故 衆生 常應

심념 약유여인 설욕구남 예배공
心念 若有女人 設欲求男 禮拜供

양 관세음보살 변생복덕지혜지
養 觀世音菩薩 便生福德智慧之

남 설욕구녀 변생단정유상지녀
男 設欲求女 便生端正有相之女

숙식덕본 중인애경 무진의 관세
宿植德本 衆人愛敬 無盡意 觀世

음보살 유여시력 약유중생 공경
音菩薩 有如是力 若有衆生 恭敬

예배 관세음보살 복불당연 시고
禮拜 觀世音菩薩 福不唐捐 是故

중생 개응수지 관세음보살명호
衆生 皆應受持 觀世音菩薩名號

무진의 약유인 수지육십이억항
無盡意 若有人 受持六十二億恒

하사 보살명자 부진형공양음식
河沙 菩薩名字 復盡形供養飮食

의복 와구 의약 어여의운하 시
衣服 臥具 醫藥 於汝意云何 是

선남자선여인 공덕다부 무진의
善男子善女人 功德多不 無盡意

언 심다 세존 불언 약부유인 수
言 甚多 世尊 佛言 若復有人 受

지관세음보살명호 내지 일시 예
持觀世音菩薩名號 乃至 一時 禮

배공양 시이인복 정등무이 어백
拜供養 是二人福 正等無異 於百

천만억겁 불가궁진 무진의 수지
千萬億劫 不可窮盡 無盡意 受持

관세음보살명호 득여시무량무변
觀世音菩薩名號 得如是無量無邊

복덕지리
福德之利

무진의보살 백불언 세존 관세음
無盡意菩薩 白佛言 世尊 觀世音

보살 운하유차사바세계 운하이
菩薩 云何遊此娑婆世界 云何而

위중생설법 방편지력 기사운하
爲衆生說法 方便之力 其事云何

불고무진의보살 선남자 약유국
佛告無盡意菩薩 善男子 若有國

토중생 응이불신 득도자 관세음
土衆生 應以佛身 得度者 觀世音

보살 즉현불신 이위설법 응이벽
菩薩 卽現佛身 而爲說法 應以辟

지불신 득도자 즉현벽지불신 이
支佛身 得度者 卽現辟支佛身 而

위설법 응이성문신 득도자 즉현성
爲說法 應以聲聞身 得度者 卽現聲

문신 이위설법 응이범왕신 득도
聞身 而爲說法 應以梵王身 得度

자 즉현범왕신 이위설법 응이제
者 卽現梵王身 而爲說法 應以帝

석신 득도자 즉현제석신 이위설법
釋身 得度者 卽現帝釋身 而爲說法

응이자재천신 득도자 즉현자재
應以自在天身 得度者 卽現自在

천신 이위설법 응이대자재천신
天身 而爲說法 應以大自在天身

득도자 즉현대자재천신 이위설법
得度者 卽現大自在天身 而爲說法

응이천대장군신 득도자 즉현천대
應以天大將軍身 得度者 卽現天大

장군신 이위설법 응이비사문신
將軍身 而爲說法 應以毘沙門身

득도자 즉현비사문신 이위설법
得度者 卽現毘沙門身 而爲說法

응이소왕신 득도자 즉현소왕신 이
應以小王身 得度者 卽現小王身 而

위설법 응이장자신 득도자 즉현
爲說法 應以長者身 得度者 卽現

장자신 이위설법 응이거사신 득
長者身 而爲說法 應以居士身 得

도자 즉현거사신 이위설법 응이
度者 卽現居士身 而爲說法 應以

재관신 득도자 즉현재관신 이위
宰官身 得度者 卽現宰官身 而爲

설법 응이바라문신 득도자 즉현바
說法 應以婆羅門身 得度者 卽現婆

라문신 이위설법 응이비구 비구니
羅門身 而爲說法 應以比丘 比丘尼

우바새 우바이신 득도자 즉현비구
優婆塞 優婆夷身 得度者 卽現比丘

비구니 우바새 우바이신 이위설법
比丘尼 優婆塞 優婆夷身 而爲說法

응이장자 거사 재관 바라문 부녀신
應以長者 居士 宰官 婆羅門 婦女身

득도자 즉현부녀신 이위설법 응
得度者 卽現婦女身 而爲說法 應

이동남동녀신 득도자 즉현동남
以 童 男 童 女 身 得 度 者 卽 現 童 男

동녀신 이위설법 응이천룡 야차
童 女 身 而 爲 說 法 應 以 天 龍 夜 叉

건달바 아수라 가루라 긴나라
乾 闥 婆 阿 修 羅 迦 樓 羅 緊 那 羅

마후라가 인비인등신 득도자 즉
摩 睺 羅 伽 人 非 人 等 身 得 度 者 卽

개현지 이위설법 응이집금강신
皆 現 之 而 爲 說 法 應 以 執 金 剛 神

득도자 즉현집금강신 이위설법
得 度 者 卽 現 執 金 剛 神 以 爲 說 法

무진의 시 관세음보살 성취여시
無 盡 意 是 觀 世 音 菩 薩 成 就 如 是

공덕 이종종형 유제국토 도탈중
功 德 以 種 種 形 遊 諸 國 土 度 脫 衆

생 시고 여등 응당일심 공양관
生 是故 汝等 應當一心 供養觀

세음보살 시 관세음보살마하살
世音菩薩 是 觀世音菩薩摩訶薩

어포외급난지중 능시무외 시고
於怖畏急難之中 能施無畏 是故

차 사바세계 개호지 위시무외자
此 娑婆世界 皆號之 爲施無畏者

무진의보살 백불언 세존 아금 당
無盡意菩薩 白佛言 世尊 我今 當

공양관세음보살 즉해경중 보주
供養觀世音菩薩 卽解頸衆 寶珠

영락 가치백천양금 이이여지 작
瓔珞 價値百千兩金 而以與之 作

시언 인자 수차법시진보영락 시
是言 仁者 受此法施珍寶瓔珞 時

관세음보살 불긍수지 무진의 부
觀世音菩薩 不肯受之 無盡意 復

백관세음보살언 인자 민아등고
白觀世音菩薩言 仁者 愍我等故

수차영락
受此瓔珞

이시 불고관세음보살 당민차 무
爾時 佛告觀世音菩薩 當愍此 無

진의보살 급사중 천룡 야차 건달바
盡意菩薩 及四衆 天龍 夜叉 乾闥婆

아수라 가루라 긴나라 마후라가
阿修羅 迦樓羅 緊那羅 摩睺羅伽

인비인등고 수시영락 즉시 관세
人非人等故 受是瓔珞 卽時 觀世

음보살 민제사중 급어천룡 인비
音菩薩 愍諸四衆 及於天龍 人非

인등 수기영락 분작이분 일분 봉
人等 受其瓔珞 分作二分 一分 奉

석가모니불 일분 봉다보불탑
釋迦牟尼佛 一分 奉多寶佛塔

무진의 관세음보살 유여시자재
無盡意 觀世音菩薩 有如是自在

신력 유어사바세계
神力 遊於娑婆世界

이시 무진의보살 이게문왈
而時 無盡意菩薩 以偈問曰

세존묘상구 아금중문피
世尊妙相具 我今重問彼

불자하인연 명위관세음
佛子何因緣 名爲觀世音

구족묘상존 게답무진의
具足妙相尊 偈答無盡意

여청관음행 선응제방소
汝 聽 觀 音 行 善 應 諸 方 所

홍서심여해 역겁부사의
弘 誓 深 如 海 歷 劫 不 思 議

시다천억불 발대청정원
侍 多 千 億 佛 發 大 淸 淨 願

아위여약설 문명급견신
我 爲 汝 略 說 聞 名 及 見 身

심념불공과 능멸제유고
心 念 不 空 過 能 滅 諸 有 苦

가사흥해의 추락대화갱
假 使 興 害 意 推 落 大 火 坑

염피관음력 화갱변성지
念 彼 觀 音 力 火 坑 變 成 池

혹표류거해 용어제귀난
或 漂 流 巨 海 龍 魚 諸 鬼 難

염피관음력 파랑불능몰
念 彼 觀 音 力 波 浪 不 能 沒

혹재수미봉 위인소추타
或 在 須 彌 峰 爲 人 所 推 墮

염피관음력 여일허공주
念 彼 觀 音 力 如 日 虛 空 住

혹피악인축 타락금강산
或 彼 惡 人 逐 墮 落 金 剛 山

염피관음력 불능손일모
念 彼 觀 音 力 不 能 損 一 毛

혹치원적요 각집도가해
或 値 怨 賊 遶 各 執 刀 加 害

염피관음력 함즉기자심
念 彼 觀 音 力 咸 卽 起 慈 心

혹조왕난고 임형욕수종
或 遭 王 難 苦 臨 刑 欲 壽 終

염피관음력 도심단단괴
念彼觀音力 刀尋段段壞

혹수금가쇄 수족피추계
或囚禁枷鎖 手足被杻械

염피관음력 석연득해탈
念彼觀音力 釋然得解脫

주저제독약 소욕해신자
呪咀諸毒藥 所欲害身者

염피관음력 환착어본인
念彼觀音力 還着於本人

혹우악나찰 독룡제귀등
或遇惡羅刹 毒龍諸鬼等

염피관음력 시실불감해
念彼觀音力 時悉不敢害

약악수위요 이아조가포
若惡獸圍繞 利牙爪可怖

염피관음력 질주무변방
念彼觀音力 疾走無邊方

원사급복갈 기독연화연
蚖蛇及蝮蠍 氣毒煙火然

염피관음력 심성자회거
念彼觀音力 尋聲自廻去

운뢰고철전 강박주대우
雲雷鼓掣電 降雹澍大雨

염피관음력 응시득소산
念彼觀音力 應時得消散

중생피곤액 무량고핍신
衆生被困厄 無量苦逼身

관음묘지력 능구세간고
觀音妙智力 能救世間苦

구족신통력 광수지방편
具足神通力 廣修智方便

시방제국토 무찰불현신
十方諸國土 無刹不現身

종종제악취 지옥귀축생
種種諸惡趣 地獄鬼畜生

생로병사고 이점실영멸
生老病死苦 以漸悉令滅

진관청정관 광대지혜관
眞觀淸淨觀 廣大智慧觀

비관급자관 상원상첨앙
悲觀及慈觀 常願常瞻仰

무구청정광 혜일파제암
無垢淸淨光 慧日破諸闇

능복재풍화 보명조세간
能伏災風火 普明照世間

비체계뢰진 자의묘대운
悲體戒雷震 慈意妙大雲

주감로법우 멸제번뇌염
澍甘露法雨 滅除煩惱焰

쟁송경관처 포외군진중
諍訟經官處 怖畏軍陣中

염피관음력 중원실퇴산
念彼觀音力 衆怨悉退散

묘음관세음 범음해조음
妙音觀世音 梵音海潮音

승피세간음 시고수상념
勝彼世間音 是故須常念

염념물생의 관세음정성
念念勿生疑 觀世音淨聖

어고뇌사액 능위작의호
於苦惱死厄 能爲作依怙

구일체공덕 자안시중생
具一切功德 慈眼視衆生

복취해무량 시고응정례
福聚海無量 是故應頂禮

이시 지지보살 즉종좌기 전백불
爾時 持地菩薩 卽從座起 前白佛

언 세존 약유중생 문시관세음보
言 世尊 若有衆生 聞是觀世音菩

살품 자재지업 보문시현 신통력
薩品 自在之業 普門示現 神通力

자 당지시인 공덕불소
者 當知是人 功德不少

불설시보문품시 중중팔만사천
佛說是普門品時 衆中八萬四千

중생 개발무등등 아뇩다라삼먁
衆生 皆發無等等 阿耨多羅三藐

삼보리심
三菩提心

천지팔양신주경
天地八陽神呪經

문여시 일시 불 재비야달마성요
聞如是 一時 佛 在毘耶達摩城寥

확택중 시방상수 사중위요 이시
廓宅中 十方相隨 四衆圍繞 爾時

무애보살 재대중중 즉종좌기 합
無礙菩薩 在大衆中 卽從座起 合

장향불 이백불언
掌向佛 而白佛言

세존 차염부제중생 체대상생 무
世尊 此閻浮提衆生 遞代相生 無

시이래 상속부단 유식자소 무지
始已來 相續不斷 有識者少 無智

자다 염불자소 구신자다 지계자
者多 念佛者少 求神者多 持戒者

소 파계자다 정진자소 해태자다
少 破戒者多 精進者少 懈怠者多

지혜자소 우치자다 장수자소 단
智慧者少 愚癡者多 長壽者少 短

명자다 선정자소 산란자다 부귀
命者多 禪定者少 散亂者多 富貴

자소 빈천자다 온유자소 강강자
者少 貧賤者多 溫柔者少 剛强者

다 흥성자소 경독자다 정직자소
多 興盛者少 惸獨者多 正直者少

곡첨자다 청신자소 탐탁자다 보
曲諂者多 淸愼者少 貪濁者多 布

시자소 간인자다 신실자소 허망
施者少 愼恪者多 信實者少 虛妄

자다 치사세속천박 관법도독 부
者多 致使世俗淺薄 官法荼毒 賦

역번중 백성궁고 소구난득 양유
役煩重 百姓窮苦 所口難得 良由

신사도견 획여시고 유원 세존
信邪倒見 獲如是苦 唯願 世尊

위제사견중생 설기정견지법 영
爲諸邪見衆生 說其正見之法 令

득오해 면어중고
得悟解 免於衆苦

불언 선재선재 무애보살 여대자
佛言 善哉善哉 無礙菩薩 汝大慈

비 위제사견중생 문어여래정견
悲 爲諸邪見衆生 問於如來正見

지법 불가사의 여등제청 선사념
之法 不可思議 汝等諦聽 善思念

지 오당위여 분별해설천지팔양
之 吾當爲汝 分別解說天地八陽

지경 차경 과거제불 이설 미래
之經 此經 過去諸佛 已說 未來

제불 당설 현재제불 금설
諸佛 當說 現在諸佛 今說

부천지지간 위인최승최상 귀어
夫天地之間 爲人最勝最上 貴於

일체만물 인자 정야 진야 심무허
一切萬物 人者 正也 眞也 心無虛

망 신행정진 좌별위정 우불위진
妄 身行正眞 左丿爲正 右乀爲眞

상행정진 고명위인 시지 인능홍
常行正眞 故名爲人 是知 人能弘

도 이윤신 의도의인 개성성도
道 以潤身 依道依人 皆成聖道

부차 무애보살 일체중생 기득인
復次 無碍菩薩 一切衆生 旣得人

신 불능수복 배진향위 조종종악
身 不能修福 背眞向僞 造種種惡

업 명장욕종 침륜고해 수종종죄
業 命將欲終 沈淪苦海 受種種罪

약문차경 신심불역 즉득해탈제
若聞此經 信心不逆 卽得解脫諸

죄지난 출어고해 선신 가호 무제
罪之難 出於苦海 善神 加護 無諸

장애 연년익수 이무횡요 이신력
障礙 延年益壽 而無橫夭 以信力

고 획여시복 하황유인 진능서사
故 獲如是福 何況有人 盡能書寫

수지독송 여법수행 기공덕 불가
受持讀誦 如法修行 其功德 不可

칭 불가량 무유변제 명종지후 병
稱 不可量 無有邊際 命終之後 並

득성불
得成佛

불고무애보살마하살 약유중생
佛告無礙菩薩摩訶薩 若有衆生

신사도견 즉피사마외도 이매망양
信邪倒見 卽被邪摩外道 魑魅魍魎

조명백괴 제악귀신 경래뇌란 여
鳥鳴百怪 諸惡鬼神 競來惱亂 與

기횡병 악종악주악오 수기통고
其橫病 惡腫惡注惡忤 受其痛苦

무유휴식 우선지식 위독차경삼
無有休息 遇善知識 爲讀此經三

편 시제악귀 개실소멸 병즉제유
遍 是諸惡鬼 皆悉消滅 病卽除愈

신강력족 독경공덕 획여시복
身强力足 讀經功德 獲如是福

약유중생 다어음욕 진에우치 간
若有衆生 多於淫欲 瞋恚愚癡 慳

탐질투 약견차경 신경공양 즉독
貪嫉妬 若見此經 信敬供養 卽讀

차경삼편 우치등악 병개제멸 자비
此經三遍 愚癡等惡 並皆除滅 慈悲

희사 득불법분
喜捨 得佛法分

부차 무애보살 약선남자 선여인
復次 無碍菩薩 若善男子 善女人

흥유위법 선독차경삼편 축장동
興有爲法 先讀此經三遍 築牆動

토 안립가택 남당북당 동서서서
土 安立家宅 南堂北堂 東序西序

주사객옥 문호정조 대애고장 육
廚 舍 客 屋 門 戶 井 竈 碓 磑 庫 藏 六

축난혼 일유월살 장군태세 황번
畜 欄 圂 日 遊 月 殺 將 軍 太 歲 黃 幡

표미 오토지신 청룡백호 주작현
豹 尾 五 土 地 神 靑 龍 白 虎 朱 雀 玄

무 육갑금휘 십이제신 토위복룡
武 六 甲 禁 諱 十 二 諸 神 土 尉 伏 龍

일체귀매 개실은장 원병타방 형
一 切 鬼 魅 皆 悉 隱 藏 遠 迸 他 方 形

소영멸 불감위해 심대길리 득복
消 影 滅 不 敢 爲 害 甚 大 吉 利 得 福

무량
無 量

선남자 흥공지후 당사영안 옥택
善 男 子 興 功 之 後 堂 舍 永 安 屋 宅

뇌고 부귀길창 불구자득 약욕원
牢固 富貴吉昌 不求自得 若欲遠

행종군 사환흥생 심득의리 문흥
行從軍 仕宦興生 甚得宜利 門興

인귀 백자천손 부자자효 남충여
人貴 百子千孫 父慈子孝 男忠女

정 형공제순 부처화목 신의독친
貞 兄恭弟順 夫妻和睦 信義篤親

소원성취 약유중생 홀피현관구
所願成就 若有衆生 忽被縣官拘

계 도적견만 잠독차경 삼편 즉
繫 盜賊牽挽 暫讀此經 三遍 即

득해탈
得解脫

약유선남자 선여인 수지독송 위
若有善男子 善女人 受持讀誦 爲

타인서사 천지팔양경자 설입수
他 人 書 寫 天 地 八 陽 經 者 設 入 水

화 불피분표 혹재산택 호랑 맹수
火 不 被 焚 漂 或 在 山 澤 虎 狼 猛 獸

병적불감 선신 위호 성무상도
屛 跡 不 敢 善 神 衛 護 成 無 上 道

약부유인 다어망어기어 악구양
若 復 有 人 多 於 妄 語 綺 語 惡 口 兩

설 약능수지독송차경 영제사과
舌 若 能 受 持 讀 誦 此 經 永 除 四 過

득사무애변 이성불도
得 四 無 礙 辯 而 成 佛 道

약선남자 선여인등 부모유죄 임
若 善 男 子 善 女 人 等 父 母 有 罪 臨

종지일 당타지옥 수무량고 기
終 之 日 當 墮 地 獄 受 無 量 苦 其

자즉위독송차경칠편 부모즉리
子 卽 爲 讀 誦 此 經 七 遍 父 母 卽 離

지옥 이생천상 견불문법 오무생
地 獄 而 生 天 上 見 佛 聞 法 悟 無 生

인 이성불도
忍 以 成 佛 道

불고무애보살 비바시불시 유우
佛 告 無 礙 菩 薩 毘 婆 尸 佛 時 有 優

바새 우바이 심불신사 경숭불법
婆 塞 優 婆 夷 心 不 信 邪 敬 崇 佛 法

서사차경 수지독송 수작즉작 일
書 寫 此 經 受 持 讀 誦 須 作 卽 作 一

무소문 이정신고 겸행보시 평등
無 所 問 以 正 信 故 兼 行 布 施 平 等

공양 득무루신 성보리도 호왈
供 養 得 無 漏 身 成 菩 提 道 號 曰

보광여래응정등각 겁명대만 국
普光如來應正等覺 劫名大滿 國

호무변 단시중생 행보살도 무소
號無邊 但是衆生 行菩薩道 無所

득법
得法

부차 무애보살 차천지팔양경 행
復次 無礙菩薩 此天地八陽經 行

염부제 재재처처 유팔보살 제범
閻浮提 在在處處 有八菩薩 諸梵

천왕 일체명령 위요차경 향화공
天王 一切明靈 圍繞此經 香華供

양 여불무이
養 如佛無異

불고무애보살마하살 약선남자
佛告無礙菩薩摩訶薩 若善男子

선여인등 위제중생 강설차경 심
善女人等 爲諸衆生 講說此經 深

달실상 득심심리 즉지신심 불신
達實相 得甚深理 卽知身心 佛身

법심 소이능지즉지혜안 상견
法心 所以能知卽智慧眼 常見

종종무진색 색즉시공 공즉시색
種種無盡色 色卽是空 空卽是色

수상행식 역공 즉시묘색신여래
受想行識 亦空 卽是妙色身如來

이상문종 종무진성 성즉시공
耳常聞種 種無盡聲 聲卽是空

공즉시성 즉시묘음성여래 비상
空卽是聲 卽是妙音聲如來 鼻常

후종종무진향 향즉시공 공즉시
嗅種種無盡香 香卽是空 空卽是

향 즉시향적여래 설상료종종무
香 卽是香積如來 舌常了種種無

진미 미즉시공 공즉시미 즉시
盡味 味卽是空 空卽是味 卽是

법희여래 신상각종종무진촉 촉
法喜如來 身常覺種種無盡觸 觸

즉시공 공즉시촉 즉시지명여래
卽是空 空卽是觸 卽是智明如來

의상사상능 분별종종무진법 법
意常思想能 分別種種無盡法 法

즉시공 공즉시법 즉시법명여래
卽是空 空卽是法 卽是法明如來

선남자 차육근현현인개구상 설
善男子 此六根顯現人皆口常 說

기선어 선법상전 즉성성도 설기
其善語 善法常轉 卽成聖道 說其

사어 악법상전 즉타지옥 선남자
邪語 惡法常轉 卽墮地獄 善男子

선악지리 부득불신 선남자 인지
善惡之理 不得不信 善男子 人之

신심 시불법기 역시십이부대경
身心 是佛法器 亦是十二部大經

권야 무시이래 전독부진 불손호
卷也 無始已來 轉讀不盡 不損豪

모 여래장경 유식심견성자 지소
毛 如來藏經 唯識心見性者 之所

능지 비제성문범부 소능지 선남
能知 非諸聲聞凡夫 所能知 善男

자 독송차경 심해진리 즉지신심
子 讀誦此經 深解眞理 卽知身心

시불법기 약취미불성 불료자심
是佛法器 若醉迷不醒 不了自心

시불법근본 유랑제취 타어악도
是佛法根本 流浪諸趣 墮於惡道

영침고해 불문불법명자
永沈苦海 不聞佛法名字

이시 오백천자 재대중중 문불소
爾時 五百天子 在大衆中 聞佛所

설 득법안정 개대환희 즉발무등
說 得法眼淨 皆大歡喜 卽發無等

등아뇩다라삼먁삼보리심
等阿耨多羅三藐三菩提心

무애보살 부백불언 세존 인지재
無礙菩薩 復白佛言 世尊 人之在

세 생사위중 생불택일 시지즉생
世 生死爲重 生不擇日 時至卽生

사불택일 시지즉사 하인빈장즉
死不擇日 時至卽死 何因殯葬卽

문 양신길일 연시빈장 빈장지후
問 良辰吉日 然始殯葬 殯葬之後

환유방해 빈궁자다 멸문자불소
還有妨害 貧窮者多 滅門者不少

유원세존 위제사견무지중생 설
唯願世尊 爲諸邪見無知衆生 說

기인연 영득정견 제기전도
其因緣 令得正見 除其顚倒

불언 선재선재 선남자 여실심능
佛言 善哉善哉 善男子 汝實甚能

문어중생 생사지사 빈장지법 여
問於衆生 生死之事 殯葬之法 汝

등제청 당위여설지혜지리 대도
等諦聽 當爲汝說智慧之理 大道

지법
之法

부천지광대청 일월광장명 시년
夫天地廣大淸 日月廣長明 時年

선미 실무유이 선남자 인왕보살
善美 實無有異 善男子 人王菩薩

심대자비 민념중생 개여적자 하
甚大慈悲 愍念衆生 皆如赤子 下

위인주 작민부모 순어속인 교민
爲人主 作民父母 順於俗人 敎民

속법 유작역일 반하천하 영지시
俗法 遺作曆日 頒下天下 令知時

절 위유만평 성수개제지자 집위파
節 爲有滿平 成收開除之字 執危破

살지문 우인 의자신용 무불면기
殺之文 愚人 依字信用 無不免其

흉화 우사사사압진 설시도비 만
凶禍 又使邪師壓鎭 說是道非 謾

구사신배아귀 각복초앙자수고 여
求邪神拜餓鬼 却福招殃自受苦 如

시인배 반천시역지리 배일월지
是人輩 反天時逆地理 背日月之

광명 상몰암실 위정도 지광로 항
光明 常沒暗室 違正道 之廣路 恒

심사경 전도지심야
尋邪徑 顚倒之甚也

선남자 산시 독송차경삼편 아즉
善男子 産時 讀誦此徑三遍 兒卽

이생 심대길리 총명이지 복덕구
易生 甚大吉利 聰明利智 福德具

족 이불중요 사시 독송차경삼편
足 而不中夭 死時 讀誦此經三遍

일무방해 득복무량
一無妨害 得福無量

선남자 일일호일 월월호월 연년
善 男 子 日 日 好 日 月 月 好 月 年 年

호년 실무간격 단판즉수빈장
好 年 實 無 間 隔 但 辦 卽 須 殯 葬

빈장지일 독송차경칠편 심대길리
殯 葬 之 日 讀 誦 此 經 七 遍 甚 大 吉 利

획복무량 문영인귀 연년익수 명
獲 福 無 量 門 榮 人 貴 延 年 益 壽 命

종지일 병득성성
終 之 日 並 得 成 聖

선남자 빈장지지 막문동서남북
善 男 子 殯 葬 之 地 莫 問 東 西 南 北

안온지처 인지애락 귀신애락 즉
安 穩 之 處 人 之 愛 樂 鬼 神 愛 樂 卽

독차경삼편 변이수영 안치묘전
讀 此 經 三 遍 便 以 修 營 安 置 墓 田

영무재장 가부인흥 심대길리
永無災障 家富人興 甚大吉利

이시 세존 욕중선차의 이설게언
爾時 世尊 欲重宣此義 而說偈言

영생선선일 휴빈호호시
營生善善日 休殯好好時

생사독송경 심득대길리
生死讀誦經 甚得大吉利

월월선명월 연년대호년
月月善明月 年年大好年

독경즉빈장 영화만대창
讀經卽殯葬 榮華萬代昌

이시 중중칠만칠천인 문불소설
爾時 衆中七萬七千人 聞佛所說

심개의해 사사귀정 득불법분 영
心開意解 捨邪歸正 得佛法分 永

단의혹 개발아뇩다라삼먁삼보리심
斷疑惑 皆發阿耨多羅三藐三菩提心

무애보살 부백불언 세존 일체
無礙菩薩 復白佛言 世尊 一切

범부 개이혼구위친 선문상의 후
凡夫 皆以婚媾爲親 先問相宜 後

취길일 연시성친 성친지후 부
取吉日 然始成親 成親之後 富

귀해로자소 빈궁생이사별자다
貴偕老者少 貧窮生離死別者多

일종신사 여하이유차별 유원세
一種信邪 如何而有差別 唯願世

존 위결중의
尊 爲決衆疑

불언 선남자 여등제청 당위여설
佛言 善男子 汝等諦聽 當爲汝說

부천양지음 월음일양 수음화양
夫天陽地陰 月陰日陽 水陰火陽

남양여음 천지기합 일체초목생
男陽女陰 天地氣合 一切草木生

언 일월 교통 사시팔절명언 수
焉 日月 交通 四時八節明焉 水

화상승 일체만물숙언 남녀윤해
火相承 一切萬物熟焉 男女允諧

자손흥언 개시천지상도 자연지
子孫興焉 皆是天之常道 自然之

리 세제지법
理 世諦之法

선남자 우인무지 신기사사 복문
善男子 愚人無智 信其邪師 卜問

망길 이불수선 조종종악업 명종
望吉 而不修善 造種種惡業 命終

지후 부득인신자 여지갑상토 타
之後 復得人身者 如指甲上土 墮

어지옥 작아귀축생자 여대지토
於地獄 作餓鬼畜生者 如大地土

선남자 부득인신 정신수선자 여
善男子 復得人身 正信修善者 如

지갑상토 신사조악업자 여대지토
指甲上土 信邪造惡業者 如大地土

선남자 욕결혼친 막문수화상극
善男子 欲結婚親 莫問水火相剋

포태상압 연명부동 유간녹명서
胞胎相壓 年命不同 唯看祿命書

지복덕다소 이위권속 호영지일
知福德多少 以爲眷屬 呼迎之日

즉독차경삼편 이이성례 차내 선
卽讀此經三遍 而以成禮 此乃 善

선상인 명명상속 문고인귀 자손
善相因 明明相屬 門高人貴 子孫

흥성 총명이지 다재다예 효경상
興盛 聰明利智 多才多藝 孝敬相

승 심대길리 이불중요 복덕구족
承 甚大吉利 而不中夭 福德具足

개성불도
皆成佛道

시 유팔보살 승불위신 득대총지
時 有八菩薩 承佛威信 得大總持

상처인간 화광동진 파사입정 도
常處人間 和光同塵 破邪立正 度

사생처팔해 이불자이 기명왈
四生處八解 而不自異 其名曰

발타라보살누진화
跋陀羅菩薩漏盡和

나린갈보살누진화
羅隣竭菩薩漏盡和

교목도보살누진화
憍目兜菩薩漏盡和

나라달보살누진화
那羅達菩薩漏盡和

수미심보살누진화
須彌深菩薩漏盡和

인저달보살누진화
因抵達菩薩漏盡和

화륜조보살누진화
和輪調菩薩漏盡和

무연관보살누진화
無緣觀菩薩漏盡和

시 팔보살 구백불언 세존 아등
時 八菩薩 俱白佛言 世尊 我等

어제불소 수득다라니신주 이금
於諸佛所 受得陀羅尼神呪 而今

설지 옹호수지독송천지팔양경자
說之 擁護受持讀誦天地八陽經者

영무공포 사일체불선지물 부득
永無恐怖 使一切不善之物 不得

침손독경법사 즉어불전 이설주왈
侵損讀經法師 卽於佛前 而說呪曰

아거니 이거니 아비라 만례 만
阿去尼 尼去尼 阿毘羅 曼隷 曼

다례
多隷

세존 약유불선자 욕래뇌법사 문
世尊 若有不善者 欲來惱法師 聞

아설차주 두파작칠분 여아리수지
我說此呪 頭破作七分 如阿梨樹枝

이시 무변신보살 즉종좌기 전백
爾時 無邊身菩薩 卽從座起 前白

불언 세존 운하명위천지팔양경
佛言 世尊 云何名爲天地八陽經

유원세존 위제청중 해설기의 영
惟願世尊 爲諸聽衆 解說其義 令

득각오 속달심본 입불지견 영단
得覺悟 速達心本 入佛知見 永斷

의회
疑悔

불언 선재선재 선남자 여등제청
佛言 善哉善哉 善男子 汝等諦聽

오금위여 분별해설천지팔양지경
吾今爲汝 分別解說天地八陽之經

천자 양야 지자 음야 팔자 분별야
天者 陽也 地者 陰也 八者 分別也

양자명해야 명해대승무위지리
陽者明解也 明解大乘無爲之理

요능분별 팔식인연 공무소득 우
了能分別 八識因緣 空無所得 又

운팔식위경 양명위위 경위상투
云八識爲經 陽明爲緯 經緯相投

이성경교 고명팔양경 팔자시팔
以成經敎 故名八陽經 八者是八

식육근 시육식 함장식 아뢰야식
識六根 是六識 含藏識 阿賴耶識

시명팔식 명료분별팔식근원 공
是名八識 明了分別八識根源 空

무소유 즉지양안 시광명천 광명
無所有 卽知兩眼 是光明天 光明

천중 즉현일월광명 세존 양이 시
天中 卽現日月光明 世尊 兩耳 是

성문천 성문천중 즉현무량성여
聲聞天 聲聞天中 卽現無量聲如

래 양비 시불향천 불향천중 즉
來 兩鼻 是佛香天 佛香天中 卽

현향적여래 구설 시법미천 법미
現香積如來 口舌 是法味天 法味

천중 즉현법희여래 신 시노사나
天中 卽現法喜如來 身 是盧舍那

천 노사나천중 즉현성취 노사나
天 盧舍那天中 卽現成就 盧舍那

불 노사나경상불 노사나광명불
佛 盧舍那鏡像佛 盧舍那光明佛

의시무분별천 무분별천중 즉현
意是無分別天 無分別天中 卽現

부동여래 대광명불 심 시법계천
不動如來 大光明佛 心 是法界天

법계천중 즉현공왕여래 함장식
法界天中 卽現空王如來 含藏識

천 연출아나함경 대반열반경 아
天 演出阿那含經 大般涅槃經 阿

뢰야식천 연출대지도론경 유가
賴耶識天 演出大智度論經 瑜伽

론경 선남자 불즉시법 법즉시불
論經 善男子 佛卽是法 法卽是佛

합위일상 즉현대통지승여래
合爲一相 卽現大通智勝如來

불설차경시 일체대지 육종진동
佛說此經時 一切大地 六種震動

광조천지 무유변제 호호탕탕 이
光照天地 無有邊際 浩浩蕩蕩 而

무소명 일체유명 개실명랑 일체
無所名 一切幽冥 皆悉明朗 一切

지옥 병개소멸 일체죄인 구득이고
地獄 並皆消滅 一切罪人 俱得離苦

이시 대중지중 팔만팔천보살 일
爾時 大衆之中 八萬八千菩薩 一

시성불 호왈 공왕여래응정등각
時成佛 號曰 空王如來應正等覺

겁명이구 국호무변 일체중생 개
劫名離垢 國號無邊 一切衆生 皆

행보살육바라밀 무유피차 증무
行菩薩六波羅蜜 無有彼此 證無

쟁삼매 체무소득 육만육천비구
諍三昧 逮無所得 六萬六千比丘

비구니 우바새우바이 득대총지
比丘尼 優婆塞優婆夷 得大總持

입불이법문 무수천룡 야차 건달
入不二法門 無數天龍 夜叉 乾闥

바 아수라 가루라 긴나라 마후
婆 阿修羅 迦樓羅 緊那羅 摩睺

라가 인비인등 득법안정 행보살도
羅伽 人非人等 得法眼淨 行菩薩道

선남자 약부유인 득관등위지일
善男子 若復有人 得官登位之日

급신입택지시 잠독차경삼편 심
及新入宅之時 暫讀此經三遍 甚

대길리 선신 가호 연년익수 복덕
大吉利 善神 加護 延年益壽 福德

구족 선남자 약독차경일편 여독
具足 善男子 若讀此經一遍 如讀

일체경일편 약서사일권 여서사
一切經一遍 若書寫一卷 如書寫

일체경일부 기공덕 불가칭불가
一切經一部 其功德 不可稱不可

량 등허공 무유변제 성성도과
量 等虛空 無有邊際 成聖道果

부차 무변신보살마하살 약유중
復次 無邊身菩薩摩訶薩 若有衆

생 불신정법 상생사견 홀문차경
生 不信正法 常生邪見 忽聞此經

즉생비방 언비불설 시인 현세 득
卽生誹謗 言非佛說 是人 現世 得

백나병 악창농혈 변체교류 성조
白癩病 惡瘡膿血 遍體交流 腥臊

취예 인개증질 명종지일 즉타아
臭穢 人皆憎嫉 命終之日 卽墮阿

비무간지옥 상화철하 하화철상
鼻無間地獄 上火徹下 下火徹上

철창철차 변체천혈 융동관구 근
鐵槍鐵叉 遍體穿穴 融銅灌口 筋

골난괴 일일일야 만사만생 수대
骨爛壞 一日一夜 萬死萬生 受大

고통 무유휴식 방사경고 획죄여시
苦痛 無有休息 謗斯經故 獲罪如是

불위죄인 이설게언
佛爲罪人 而說偈言

신시자연신 오체자연족
身是自然身 五體自然足

장내자연장 노즉자연로
長乃自然長 老卽自然老

생내자연생 사즉자연사
生乃自然生 死卽自然死

구장부득장 구단부득단
求長不得長 求短不得短

고락여자당 사정유여기
苦樂汝自當 邪正由汝己

욕작유위공 독경막문사
欲作有爲功 讀經莫問師

천천만만세 득도전법륜
千千萬萬歲 得道轉法輪

불설차경이 일체대중 득미증유
佛說此經已 一切大衆 得未曾有

심명의정 환희용약 개견제상비
心明意淨 歡喜踊躍 皆見諸相非

상 입불지견 오불지견 무입무오
相 入佛知見 悟佛知見 無入無悟

무지무견 부득일법 즉열반락
無知無見 不得一法 卽涅槃樂

사 대 주
四 大 呪

나무대불정 여래밀인 수증요의
南無大佛頂 如來密因 修證了義
제보살만행 수능엄신주
諸菩薩萬行 首楞嚴神呪

『다냐타 옴 아나례 비사제 비라
바아라 다리반다 반다니 바아라
바니반 호훔 다로옹박 사바하』
(세번)

정본 관자재보살 여의륜주
正本 觀自在菩薩 如意輪呪

『나무 못다야 나무 달마야 나무 승가야 나무 아리야 바로기제 사라야 모지사다야 마하사다야 사가라 마하가로 니가야 하리다야 만다라 다냐타 가 가나 바라지진다 마니 마하무다례 루로루로 지따 하리다예 비사예 옴 부다나 부다니 야등』(세번)

불정심 관세음보살 모다라니
佛 頂 心 觀 世 音 菩 薩 姥 陀 羅 尼

『나모라 다나다라 야야 나막 아리야 바로기제 새바라야 모지사다바야 마하사다바야 마하가로 니가야 다냐타 아바다아바다 바리바제 인혜혜 다냐타 살바다라니 만다라야 인혜혜 바리마수다 못다야 옴 살바작수가야 다라니 인지리야 다냐타 바로기제 새바라야 살바돗따오하야미 사바하』(세번)

불설소재길상 다라니
佛說消災吉祥 陀羅尼

『나무 사만다 못다남 아바라지 하다사 사나남 다냐타 옴 카카 카혜 카혜 훔훔 아바라 아바라 바라아바라 바라아바라 지따 지따 지리 지리 빠다 빠다 선지가 시리에 사바하』(세번)

고 왕 경
高 王 經

나무관세음보살 나무불 나무법 나
南 無 觀 世 音 菩 薩 南 無 佛 南 無 法 南

무승 불국유연 불법상인 상락아정
無 僧 佛 國 有 緣 佛 法 相 因 常 樂 我 淨

유연불법 나무마하반야바라밀
有 緣 佛 法 南 無 摩 訶 般 若 波 羅 蜜

시대신주 나무마하반야바라밀
是 大 神 呪 南 無 摩 訶 般 若 波 羅 蜜

시대명주 나무마하반야바라밀
是 大 明 呪 南 無 摩 訶 般 若 波 羅 蜜

시무상주 나무마하반야바라밀
是 無 上 呪 南 無 摩 訶 般 若 波 羅 蜜

시무등등주 나무정광비밀불
是 無 等 等 呪 南 無 淨 光 秘 密 佛

법장불 사자후신족유왕불 불고
法 藏 佛 獅 子 吼 神 足 幽 王 佛 佛 告

수미등왕불 법호불 금강장사자
須 彌 燈 王 佛 法 護 佛 金 剛 藏 獅 子

유희불 보승불 신통불 약사유리
遊 戲 佛 寶 勝 佛 神 通 佛 藥 師 琉 璃

광불 보광공덕산왕불 선주공덕
光 佛 普 光 功 德 山 王 佛 善 住 功 德

보왕불 과거칠불 미래현겁천불
寶 王 佛 過 去 七 佛 未 來 賢 劫 千 佛

천오백불 만오천불 오백화승불
千 五 百 佛 萬 五 千 佛 五 百 花 勝 佛

백억금강장불 정광불 육방육불
百 億 金 剛 藏 佛 定 光 佛 六 方 六 佛

명호 동방보광월전묘음존왕불
名號 東方寶光月殿妙音尊王佛

남방수근화왕불 서방조왕신통염
南方樹根花王佛 西方竈王神通焰

화왕불 북방월전청정불 상방무
花王佛 北方月殿淸淨佛 上方無

수정진보수불 하방선적월음왕불
數精進寶首佛 下方善寂月音王佛

무량제불 다보불 석가모니불 미
無量諸佛 多寶佛 釋迦牟尼佛 彌

륵불 아촉불 아미타불 중앙일체
勒佛 阿閦佛 阿彌陀佛 中央一切

중생 재불토계중자 범왕제석
衆生 在佛土界中者 梵王帝釋

행주어지상 급재허공중 자우어일
行住於地上 及在虛空中 慈憂於一

체중생 각령안온휴식 주야수지신
切衆生 各令安穩休息 晝夜受持信

심 상구송차경 능멸생사고 소복어
心 常求誦此經 能滅生死苦 消伏於

독해 나무대명관세음 관명관세
毒害 南無大明觀世音 觀明觀世

음 고명관세음 개명관세음 약왕
音 高明觀世音 開明觀世音 藥王

보살 약상보살 문수보살 보현보
菩薩 藥上菩薩 文殊菩薩 普賢菩

살 허공장보살 지장보살 청량
薩 虛空藏菩薩 地藏菩薩 淸凉

산일만보살 보광여래화승보살
山一萬菩薩 普光如來化勝菩薩

염념송차경 칠불세존 즉설주왈
念念誦此經 七佛世尊 卽說呪曰

『이바이바제 구아구아제 다라니제 니하라제 비니이제 마하가제 진령갈제 사바하』(세번)

시방관세음 일체제보살 서원구
十方觀世音 一切諸菩薩 誓願救

중생 칭명실해탈 약유박복자 은
衆生 稱名悉解脫 若有薄福者 慇

근위해설 단시유인연 독송구불
懃爲解說 但是有因緣 讀誦口不

철 송경만천편 염념심부절 화염
輟 誦經萬千遍 念念心不絶 火焰

불능상 도병입최절 에로생환희
不能傷 刀兵立摧折 恚怒生歡喜

사자변성활 막언차시허 제불불망설
死者變成活 莫言此是虛 諸佛不妄說

고왕경찬어
高王經讚語

고왕관세음 능구제고액 임위급
高王觀世音 能救諸苦厄 臨危急

난중 제사득해탈 배념팔보살 지
難中 諸事得解脫 拜念八菩薩 持

송만천편 박복불신자 중죄개소
誦萬千遍 薄福不信者 重罪皆消

멸 제불어불허 시고응정례
滅 諸佛語不虛 是故應頂禮

몽 수 경
夢 授 經

나무관세음보살 나무불 나무법
南 無 觀 世 音 菩 薩 南 無 佛 南 無 法

나무승 여불유인 여불유연 불법
南 無 僧 與 佛 有 因 與 佛 有 緣 佛 法

상인 상락아정 조념관세음 모념
相 因 常 樂 我 淨 朝 念 觀 世 音 暮 念

관세음 염념종심기 염념불리심
觀 世 音 念 念 從 心 起 念 念 不 離 心

천라신 지라신 인이난난이신 일체
天 羅 神 地 羅 神 人 離 難 難 離 神 一 切

재앙화위진 나무마하반야바라밀
災 殃 化 爲 塵 南 無 摩 訶 般 若 波 羅 蜜

산 왕 경
山 王 經

대산소산산왕대신 대악소악산왕대신
大山小山山王大神 大岳小岳山王大神

대각소각산왕대신 대축소축산왕대신
大覺小覺山王大神 大丑小丑山王大神

미산재처산왕대신 이십육정산왕대신
尾山在處山王大神 二十六丁山王大神

외악명산산왕대신 사해피발산왕대신
外岳明山山王大神 四海被髮山王大神

명당토산산왕대신 금궤대덕산왕대신
明堂土山山王大神 金匱大德山王大神

청룡백호산왕대신 현무주작산왕대신
青龍白虎山王大神 玄武朱雀山王大神

동서남북산왕대신 원산근산산왕대신
東西南北山王大神 遠山近山山王大神

상방하방산왕대신 흉산길산산왕대신
上方下方山王大神 凶山吉山山王大神

조 왕 경
竈 王 經

계수장엄조왕신 시방조요대광명
稽 首 莊 嚴 竈 王 神 十 方 照 曜 大 光 明

위광자재조왕신 토지용신개환희
威 光 自 在 竈 王 神 土 地 龍 神 皆 歡 喜

천상사관조왕신 합가인중총안령
天 上 仕 官 竈 王 神 闔 家 人 重 總 安 寧

내외길창조왕신 금은옥백만당진
內 外 吉 昌 竈 王 神 金 銀 玉 帛 滿 堂 進

상봉길경조왕신 악귀사신퇴산거
常 逢 吉 慶 竈 王 神 惡 鬼 邪 神 退 散 去

지망주성조왕신 억선만복개구족
志 望 周 成 竈 王 神 億 善 萬 福 皆 具 足

이장안주조왕신 부부가인증복수
離障安住竈王神 夫婦家人增福壽

재앙영멸조왕신 백병소제대길상
災殃永滅竈王神 百病消除大吉祥

증시수호조왕신 백곡승출양잠배
曾時守護竈王神 百穀勝出養蠶倍

구호사택조왕신 일체제신개환희
救護舍宅竈王神 一切諸神皆歡喜

해 탈 주
解 脫 呪

나무 동방해탈주세계 허공공덕
南 無 東 方 解 脫 呪 世 界 虛 空 功 德

청정미진 등목단정 공덕상 광명
淸 淨 微 塵 等 目 端 正 功 德 相 光 明

화 파두마 유리광 보체상 최상향
華 波 頭 摩 琉 璃 光 寶 體 相 最 上 香

공양흘 종종장엄정계 무량무변
供 養 訖 種 種 莊 嚴 頂 髮 無 量 無 邊

일월광명 원력장엄 변화장엄 법
日 月 光 明 願 力 莊 嚴 變 化 莊 嚴 法

계출생 무장애왕
界 出 生 無 障 碍 王

『여래아라하 삼먁삼불타』(세번)
如 來 阿 羅 訶 三 藐 三 佛 陀

북 두 주
北 斗 呪

북두구진중천대신 상조금궐하부곤륜
北斗九辰中天大神 上朝金闕下覆崑崙

조리강기통제건곤 대괴탐낭거문녹존
調理綱紀統制乾坤 大魁貪狼巨門祿存

문곡염정무곡파군 고상옥황자미제군
文曲廉貞武曲破軍 高上玉皇紫微帝君

대주천계세입미진 하재불멸하복부진
大周天界細入微塵 何災不滅何福不臻

원황정기내합아신 천강소지주야상륜
元皇正氣來合我身 天罡所指晝夜常輪

속거소인호도구령 원견존의영보장생
俗居小人好道救靈 願見尊儀永保長生

삼태허정육순곡생 생아양아호아신형
三台虛精六淳曲生 生我養我護我身形

괴작관행 필보표 존제 급급여율령
魁魀𩴨魐 魓𩲃魒 尊帝 急急如律令

사바하
娑婆訶

법 성 게
法 性 偈

법성원융무이상 法 性 圓 融 無 二 相	제법부동본래적 諸 法 不 動 本 來 寂
무명무상절일체 無 名 無 相 絶 一 切	증지소지비여경 證 智 所 知 非 餘 境
진성심심극미묘 眞 性 甚 深 極 微 妙	불수자성수연성 不 守 自 性 隨 緣 成
일중일체다중일 一 中 一 切 多 中 一	일즉일체다즉일 一 卽 一 切 多 卽 一
일미진중함시방 一 微 塵 中 含 十 方	일체진중역여시 一 切 塵 中 亦 如 是
무량원겁즉일념 無 量 遠 劫 卽 一 念	일념즉시무량겁 一 念 卽 是 無 量 劫
구세십세호상즉 九 世 十 世 互 相 卽	잉불잡란격별성 仍 不 雜 亂 隔 別 成

초발심시변정각 생사열반상공화
初 發 心 時 便 正 覺 生 死 涅 槃 相 共 和

이사명연무분별 십불보현대인경
理 事 冥 然 無 分 別 十 佛 普 賢 大 人 境

능인해인삼매중 번출여의부사의
能 仁 海 印 三 昧 中 繁 出 如 意 不 思 議

우보익생만허공 중생수기득이익
雨 寶 益 生 滿 虛 空 衆 生 隨 器 得 利 益

시고행자환본제 파식망상필부득
是 故 行 者 還 本 際 叵 息 妄 想 必 不 得

무연선교착여의 귀가수분득자량
無 緣 善 巧 捉 如 意 歸 家 隨 分 得 資 糧

이다라니무진보 장엄법계실보전
以 陀 羅 尼 無 盡 寶 莊 嚴 法 界 實 寶 殿

궁좌실제중도상 구래부동명위불
窮 坐 實 際 中 道 床 舊 來 不 動 名 爲 佛

무상계
無常戒

부무상계자 입열반지요문 월고
夫無常戒者 入涅槃之要門 越苦

해지자항 시고 일체제불 인차계
海之慈航 是故 一切諸佛 因此戒

고 이입열반 일체중생 인차계고
故 而入涅槃 一切衆生 因此戒故

이도고해 ○○○영가 여금일 형
而度苦海 靈駕 汝今日 逈

탈근진 영식독로 수불무상정계
脫根塵 靈識獨露 受佛無上淨戒

하행여야 ○○○영가 겁화통연
何幸如也 靈駕 劫火洞然

대천구괴 수미거해 마멸무여 하
大千俱壞 須彌巨海 磨滅無餘 何

황차신 생로병사 우비고뇌 능여
況 此 身 生 老 病 死 憂 悲 苦 惱 能 如

원위 ○○○영가 발모조치 피육
遠 違 靈 駕 髮 毛 爪 齒 皮 肉

근골 수뇌구색 개귀어지 타체농
筋 骨 髓 腦 垢 色 皆 歸 於 地 唾 涕 膿

혈 진액연말 담루정기 대소변리
血 津 液 涎 沫 痰 淚 精 氣 大 小 便 利

개귀어수 난기귀화 동전귀풍 사
皆 歸 於 水 煖 氣 歸 火 動 轉 歸 風 四

대각리 금일망신 당재하처 ○○○
大 各 離 今 日 亡 身 當 在 何 處

영가 사대허가 비가애석 여종무
靈 駕 四 大 虛 假 非 可 愛 惜 汝 從 無

시이래 지우금일 무명연행 행연식
始 已 來 至 于 今 日 無 明 緣 行 行 緣 識

식연명색 명색연육입 육입연촉
識緣名色 名色緣六入 六入緣觸

촉연수 수연애 애연취 취연유
觸緣受 受緣愛 愛緣取 取緣有

유연생 생연노사 우비고뇌 무명
有緣生 生緣老死 憂悲苦惱 無明

멸즉행멸 행멸즉식멸 식멸즉명
滅則行滅 行滅則識滅 識滅則名

색멸 명색멸즉육입멸 육입멸즉
色滅 名色滅則六入滅 六入滅則

촉멸 촉멸즉수멸 수멸즉애멸 애
觸滅 觸滅則受滅 受滅則愛滅 愛

멸즉취멸 취멸즉유멸 유멸즉생
滅則取滅 取滅則有滅 有滅則生

멸 생멸즉노사 우비고뇌멸 제법
滅 生滅則老死 憂悲苦惱滅 諸法

종본래 상자적멸상 불자행도이
從 本 來 常 自 寂 滅 相 佛 子 行 道 已

내세득작불 제행무상 시생멸법
來 世 得 作 佛 諸 行 無 常 是 生 滅 法

생멸멸이 적멸위락 귀의불타계
生 滅 滅 已 寂 滅 爲 樂 歸 依 佛 陀 戒

귀의달마계 귀의승가계 나무과
歸 依 達 摩 戒 歸 依 僧 伽 戒 南 無 過

거 보승여래 응공 정변지 명행족
去 寶 勝 如 來 應 供 正 遍 知 明 行 足

선서 세간해 무상사 조어장부 천
善 逝 世 間 解 無 上 士 調 御 丈 夫 天

인사 불 세존 ○○○영가 탈각오
人 師 佛 世 尊 靈 駕 脫 却 五

음각루자 영식독로 수불무상정
陰 殼 漏 子 靈 識 獨 露 受 佛 無 上 淨

계 기불쾌재 기불쾌재 천당불찰
戒 豈不快哉 豈不快哉 天堂佛刹

수념왕생 쾌활쾌활
隨念往生 快活快活

서래조의최당당
西來祖意最當當

자정기심성본향
自淨其心性本鄕

묘체담연무처소
妙體湛然無處所

산하대지현진광
山河大地現眞光

우리말 무상계

무상계는 열반으로 가는 요긴한 문이고 고해를 벗어나는 자비의 배이니라.

부처님도 이 계를 의지하여 열반을 성취하셨고 중생도 이 계를 의지하여 고해를 건너 나느니라.

○○○ 영가시여,

이제 그대는 여섯 가지 감관과 여섯 가지 경계를 벗어나서 신령한 알음알이가 뚜렷이 드러나서 부처님의 위대한 계를 받게 되었으니 이 얼마나 다행한 일인가.

○○○ 영가시여,

겁이 다하여 말세가 되면 대천세계도 불타

고 수미산과 큰 바다도 다 없어지는 것인데 어떻게 이 작은 몸뚱이가 늙고 병들고 죽고 고뇌하는 생사법을 벗어날 수 있겠는가.

○○○영가시여,

그대의 머리털과 손톱, 뼈와 이와 가죽·살·힘줄·해골·때 같은 것은 다 흙으로 변하고, 침과 콧물·고름·피·진액·가래·눈물·오줌 같은 것들은 다 물로 변하고, 더운 기운은 불로, 움직이는 기운은 바람으로 변하여 네 가지 요소가 다 각각 제자리로 돌아가는 것인데 오늘날 영가의 죽은 몸이 어디 있겠는가?

○○○영가시여,

이 몸뚱이는 네 가지 요소로 거짓 헛된 것

이니 조금도 아까울 것이 없느니라.

○○○영가시여,

그대는 끝없는 옛날부터 오늘까지 무명이 근본이 되어 선악의 행업을 지었고, 이 행업으로 말미암아 이 세상에 태어나려는 일념, 이 일념이 태중의 정신과 물질인 명색을, 명색이 여섯 기관을, 이 여섯 기관이 감촉작용을, 감촉작용은 지각을, 지각은 애욕을, 애욕은 탐취심을, 탐취심은 내세의 과가 되는 여러 가지 업을 짓고, 이 업은 다시 미래에 태어나는 연이 되어서 늙고 병들고 죽고 근심하고 걱정하고 하였느니라.

그러므로 무명이 없어지면 행이 없어지고, 행이 없어지면 식이 없어지고, 식이 없어지면 명색이 없어지고, 이렇게 육입 · 촉 · 수 · 애 · 취 · 유 · 생 · 노사 우비고뇌가 다 없어지느니라.

이 세상 모든 것 그 바탕 본래 고요해 불자가 닦고 닦으면 내세에 부처 이루리라.

덧없다. 흘러가는 생멸법이여, 나고 죽음이 그 또한 다하여 없어지면 고요하고 즐거우리 열반락이여.

부처님계에 목숨 다해 귀의합니다.

달마계에 목숨 다해 귀의합니다.

승가계에 목숨 다해 귀의합니다.

과거 보승여래 · 공양받을 이 · 바르게 다 아는 이 · 지혜와 행을 구족한 이 · 잘 아시는 이 · 세간을 잘 아시는 이 · 더 위없이 거룩한

이 · 간절하게 조어하는 이 · 하늘과 인간의 스승 · 부처님 세존께 목숨 다해 귀의합니다.

○○○영가시여,

그대는 다섯 쌓임을 벗어 버리고 신령한 알음알이가 뚜렷이 드러나 부처님의 거룩한 계를 받았도다. 이 얼마나 통쾌한 일인가.

○○○영가시여,

이제 하늘이나 불세계나 마음대로 태어나게 되었으니 참으로 통쾌하고 통쾌하도다.

서쪽에서 오신 조사의 뜻 가장
당당하시니 스스로가 마음을 밝히면
본성의 고향이라.

묘한 본체는 담연해서 일정한 곳 없건만 산과 물과 온누리에 참모습 나투시네.

츰부다라니

츰부 츰부 츰츰부 아가셔츰부 바결랍츰부 암발랍츰부 비라츰부 발절랍츰부 아루가츰부 담뭐츰부 살더뭐츰부 살더닐하뭐츰부 비바루가 찰붜츰부 우붜셤뭐츰부 내여나츰부 붤랄여삼므디랄나츰부 찰나츰부 비실바리여츰부 셔살더랄바츰부 비어자수재 맘히리 담미 셤미 잡결랍시 잡결랍뭐 스리 치리 시리

결랄뷔뷜러발랄디 히리 벌랄비
뭘랄저러니달니 헐랄달니 뷔러
져 져 져 져 히리 미리 이결타
탑기 탑규루 탈리 탈리 미리 뷔
대 더대 구리 미리 앙규즈더비
얼리 기리 뷔러기리 규차섬믜리
징기 둔기 둔규리 후루 후루 후
루 규루 술두미리 미리디 미리대
뷘자더 허러 히리 후루 후루루

츰부다라니 공덕

이 다라니를 받아 지니면 부처님을 잊지 않는 생각이 증장되며 수명이 늘며, 건강이 증진되고 체력이 증장되며, 기력이 향상되고 명예가 높아지고 계행이 바로되며, 총명과 가르침에 이르는 수행의 광명이 증장되며, 천상에 나거나 열반에 이르게 되며, 일체의 청정법과 여러 음식물의 정기와 맛이 높아지며, 기쁨과 즐거움을 갖게 되며, 재물과 보배를 얻게 되며, 일체 생활에 필요한 온갖 것을 갖게 되며, 능히 일체 지혜를 용맹하고 날카롭게 하여 번뇌를 깨뜨리는 다라니이니라.

광명진언

『옴 아모카 바이로차나 마하 무드라 마니 파드마 즈바라 프라바릍타야 훔』

십악 오역의 중죄를 지은 사람이 두 서너 번 듣기만 하여도 모든 죄업이 다 소멸하나니라. 십악 오역의 모든 죄를 많이 지어 그 죄가 온 세계에 가득차서 죽어 지옥에 떨어진 사람이라도 깨끗한 모래에 이 진언을 백팔 번 새겨서 그 모래를 그 사람의 시체나 무덤 위에 뿌려주면 모든 죄가 다 소멸되어 곧 극락세계에 가서 나리라.

해서 안 될 일은 행하지 말라.

해서 안 될 일을 행하면

반드시 번민이 따른다.

그리고 해야 할 일은 반드시 행하라.

그러면 가는 곳마다 후회는 없다.

법구경

발 원 문

- 일상기도 발원문
- 참회기도 발원문
- 공양 발원문
- 가정법회 발원문
- 가내길상 발원문
- 학업성취 발원문
- 사업번창 발원문
- 문병 쾌유 발원문
- 생일 발원문
- 취임 · 승진 발원문
- 개업 · 이사 · 안택 발원문
- 연지대사 왕생극락 발원문

가난한 자에게 베풀 때에는

불쌍한 마음을 가져야 하며,

부처님께 베풀 때에는

기쁘고 공경한 마음을 가져야 하며,

친구에게 베풀 때에는

경건한 마음을 가져야 한다.

보살본행경

일상기도 발원문

위없는 진리로서 영원하시고 법성광명으로 자재하옵신 부처님!

부처님께서는 온 중생을 잠시라도 버리지 않으시고 영원한 진리광명으로 성숙시키건만 중생들은 그 은혜를 등지고 스스로 무명의 구름을 지어 끝없는 방황을 계속하여 왔습니다.

장애와 고난과 죽음이 계속하여 따랐고 불행과 눈물과 죄악의 업보를 이루었습니다.

그러나 부처님은 저희들을 보살피고 감싸시어 저희들에게 믿음의 눈을 열게 하셨습니다.

인간의 본성은 어둠과 죄악이 아니고 지혜이오며 불행이 아니고 일체 성취의 원만공덕이 충만함을 깨닫게 하셨습니다.

저희 생명에서 부처님의 자비로운 위신력이 샘물처럼 솟아나고 생명의 활력으로 빛나고 있음을 깨달았습니다.

이처럼 커다란 은혜와 찬란한 광명으로 장엄한 저희들에게 어찌 불행과 고난이 있겠습니까.

행운과 성공이 끝없이 너울치는 은혜의 평원이 열려오고 있음을 믿습니다.

부처님의 크신 위덕은 이같이 일체 중생을 성숙시키고 일체 생명에게 무애위덕을 갖추어 주셨습니다.

부처님의 대자비 은덕으로 저희들의 생각은 항상 맑고 뜻은 바르며 마음은 끝없이 밝은 슬기로 가득 차 있습니다.

불행은 사라지고 희망의 햇살은 나날이 밝음을 더하여 성공의 나무에는 은혜의 과실이 풍성하고 저희들의 생애는 끝없는 성취로 충만케 하십니다.

이는 부처님의 법문을 깨닫고 깊이 믿음의 공덕이라 확신합니다.

대자대비하신 부처님,

이제 저희들은 부처님의 끝없는 자비광명 속에서 환희용약하면서 지성으로 서원을 드리옵니다.

생명의 바다에 영원히 빛나는 부처님의 자

비 은덕을 끝없이 존경하고 찬탄하겠습니다.

삼보님과 일체 중생에게 온갖 정성 바쳐 공양하고 받들겠습니다.

그리하여 영원토록 모든 중생에게 평화와 행복이 이루어지도록 힘쓰겠습니다.

자비하신 세존이시여,

저희들의 이 서원이 이루어지도록 가호하여 주옵소서.

모든 번뇌에서 해탈하고 고난에서 벗어나며 대립과 장애와 온갖 한계의 벽을 무너뜨리고 걸림없는 지혜광명이 드러나게 하여 주옵소서.

미혹의 구름이 덮여올 때 믿음의 큰 바람이 일게 하시며 고난과 장애를 보게 될 때

진리광명의 무장애 위덕이 빛나게 하여 주옵소서.

그리하여 저희들의 생애가 보살의 생애로서 일체 중생계를 빛냄으로써 마침내 부처님의 크신 은덕을 갚아지이다.

나무 석가모니불
나무 석가모니불
나무 시아본사 석가모니불

참회기도 발원문

우러러 살피옵건대, 진여의 태양은 찬란히 빛나옵고 법성의 바다는 끝없이 넓고 깊어 온 중생 온 국토를 윤택케 하시며 위없는 보리공덕을 충만케 하시니, 일체 중생 근기따라 모두를 얻고 구하는 바를 따라 깨달음으로 나아가니 가없는 은덕을 어찌 다 헤아리오리까!

금일 발원재자 ○○○ 불자들은 부처님의 지극하신 가호력에 힘입어 발원하옵니다.

바라옵건대, 자비광명 비추시어 살펴 주옵소서.

돌이켜 보옵건대, 저희들이 지난 동안에 부처님의 진리광명을 등지고 미혹에 휘말려 어둠 속에 살았음을 깨닫고 이제 깊이 참회하옵니다.

부처님 가르침 배우지 못하고 성내고 탐내고 어리석어 어둠의 길 방황했던 지난 생활을 지심참회하옵니다.

대자대비 세존이시여!

저희들의 참회를 섭수하여 주시옵고 지난날 지은바 일체 어둠을 밝게 비추어 깨뜨려 주옵소서.

저희들 오늘의 역경이 필시 다생 동안에 지은바 업연의 결과임을 아옵니다. 또한 오늘의 이 고난이 사라지면 새로운 지혜와 용기를 얻게 하실 것을 아옵니다.

이제 저희들의 묵은 죄업, 이로써 모두 소

멸되었사오니 기필코 밝은 희망과 따뜻한 공덕이 열려 오리라 믿습니다.

대자대비하신 부처님!

엎드려 바라옵건대, 이 인연공덕으로 저희들 한 사람 한 사람을 둘러싸고 있는 미혹과 탐착과 장애의 벽이 즉시 소멸되어 은혜와 자비와 성취의 길을 열어 주옵시며, 본성광명이 명랑하게 드러나 미묘법문 깨달아서 무상도를 이루게 하여 주옵소서.

저희들의 이 발원이 부처님의 대자비 서원력 속에 원만히 성숙되며, 법계유정이 다 함께 보리심을 내고 위없는 깨달음을 원만히 이루어지이다.

나무 시아본사 석가모니불

공양 발원문

이 음식이 어디서 왔는고
내 덕행으로는 받기가 부끄럽네.
마음속의 온갖 욕심을 버리고
건강을 유지하는 약으로 삼아
깨달음을 이루고자 이 공양을 받습니다.

나무 석가모니불
나무 석가모니불
나무 시아본사 석가모니불

가정법회 발원문

대자대비하신 부처님!

부처님의 자비은혜가 찬란한 광명으로 모든 중생과 온 누리를 감싸고 있는 이 순간 저희 형제들은 일심 정성 기울여 삼보님 전에 계수례하옵니다.

저희들은 불보살님의 자비하신 위신력을 입사와 가내가 화목하고 자손들이 충실하오며 직장과 사업이 번창하고 온 겨레가 조국의 평화 번영을 위하여 헌신을 다하고 있사옵니다.

그리고 오늘 ○○법회 가족들이 함께 모여 전법수행과 불자행지를 연마하기 위하여 특별 모임을 갖고 있습니다.

대자대비하신 부처님!

거듭 무애 대자대비 광명으로 저희들을 가호하여 주시옵소서. 오늘의 모임으로써 부처님의 크신 뜻을 더욱 바르고 참되게 받들게 되오며 저희들을 이끌어 주시는 스승님의 지도를 더욱 착실히 받들게 되어지이다.

전법오서의 신념은 나날이 견고하고 빛나는 지혜와 따사로운 자비심은 더욱 자라나며 진리의 청정한 복덕의 위력이 넘쳐나 저희들의 가정과 사업과 나라의 안녕과 번영이 나날이 성숙되어지이다.

자비하신 부처님!

오늘의 이 모임 진행 중에 일일이 대자비의 가피를 더해 주시사 저희 가족과 형제와 이웃에게 법을 전하고 행복을 심어 주고 법의 광명을 밝히는 저희들의 발원에 더욱 큰 지혜와 힘이 열려지이다.

대자대비하신 부처님!

오늘 저희들의 이 발원이 지극히 너그러우신 부처님의 대비원력에 섭수하시는 바 되어 그 안에 있음을 믿으며 감사 드리옵니다. 아울러 바라옴은 오늘 이 성스러운 모임을 갖도록 주선하여 주신 ○○○님 댁에 부처님의 특별하신 자비 위신력이 부어지시사 가내길상하고 가업이 홍성하며 일체 장애 소멸하여 청정원이 원만히 성취하여지이다.

나무 석가모니불　나무 석가모니불

나무 시아본사 석가모니불

가내길상 발원문

우러러 살피옵건대,

부처님께서는 무량대자비광명으로 온 누리 중생들을 감싸시고 성숙시켜 주시며, 오늘 불자 ○○○와 그 가족에게 특별하신 위력을 부어주심을 감사드립니다.

금일 ○○○불자가 지난 동안에 지은 바 온갖 허물을 지심 참회하옵고 보리심을 발하여 온 누리 온 중생 모두 다 안락하고 무상보리 이루기를 간절히 발원하옵니다.

바라옵건대, ○○○불자가 보살도를 닦는 가운데 어느 곳, 어느 때에나 부처님의 자비 위신력이 함께하여 주옵소서.

심신은 강건하고, 가내가 화평하며, 자손은 창성하고, 학업은 증장하며, 사업이 번창하고, 나라와 인류 위해 뜻하는 일 크게 이루어지이다.

가슴 속에 진리의 대광명이 항상 빛나서 향하는 길마다 막힘이 없고 행하는 일마다 순조로우며 만나는 사람마다 착한 뜻을 함께하여 머물고 행하는 곳에 상서의 구름 이어지며, 무장애 일체 성취 항상 따라지이다.

널리 모든 사람의 참 빛이 되고 정법으로 인도하고 광명국토 이룩하여 부처님의 크신 은혜 갚아지이다.

이 인연공덕으로 ○○○불자의 선망조상님이 크신 광명 입고서 모두 다 극락세계에 왕생하옵고 다시 이 땅 중생 제도하는 거룩한 빛이 되어지이다.

○○○불자가 행하는 일마다 천룡팔부 옹호성중이 함께 하시며, 일문권속 또한 일체 장애 소멸하여 보살의 큰 서원을 하루 속히 원만히 성취하옵고, 위없는 크신 은혜 갚아지이다.

나무 석가모니불

나무 석가모니불

나무 시아본사 석가모니불

학업성취 발원문

우주에 충만하사 아니 계신 곳 없으시고, 일체에 평등하사 모두를 살펴 주옵시는 부처님!

자비은혜를 베푸시어 성취의 문을 열어 주옵소서.

오늘 ○○○불자가 지극한 마음으로 발원하옵니다.

그동안 불자가 진리광명의 지혜를 구하기 위하여 보살의 구도 정신을 본받아 학업에 열중하여 왔습니다.

부처님의 가르침에 따라 학업을 연마해 온 불자에게 크나크신 가피로 학업이 원만히 성취하여지이다.

대자대비하신 부처님!

불자 ○○○가 끝없는 옛적부터 오늘에 이르도록 몸과 말과 뜻으로 지은 모든 허물을 지심 참회하옵니다.

불자에게 밝은 지혜와 큰 행원력을 갖게 하여 주옵소서.

그리하여 ○○○불자가 자만심과 나태함에 빠져 흔들릴 때 부처님의 너그러움과 끊임없는 정진력을 갖게 하시며, 무기력한 마음과 혼란스러움으로 힘들어 할 때 부처님의 광대한 원력의 힘을 지니게 하시고, 불안과 초초한 마음으로 두려워할 때 부처님의 인욕과 깊은 선정력을 갖게 하시며, 좌절과 실의에 빠져 방황 할때 부처님의 물러섬이

없는 불퇴전의 용기를 갖게 하옵소서.

대자대비하신 세존이시여!

다시 바라옵건대, 크신 자비 베푸시어 ○○○불자가 세운 바 큰 서원이 이루어지도록 간곡하게 살피시어 은혜 내려 주옵소서.

심신은 금강과 같이 강건하고 수명은 천지와 같이 무궁하며, 지혜는 일월과 같이 빛나옵고 복덕은 바다와 같이 넓어지이다.

금일 이후 불자의 믿음은 더욱 청정하고 복덕이 왕성하여 뜻하는 일마다 부처님의 가호가 항상 함께 하여 향하는 길마다 상서가 일고 만나는 사람마다 보리심을 내어 일체 중생 모두 함께 무상도를 이루어지이다.

나무 시아본사 석가모니불

사업번창 발원문

시방삼세에 영원하사 온 국토 온 중생을 보리도로 성숙시키시는 대자비 세존이시여!

오늘 저희들의 일심 기원을 자비로써 섭수하여 주옵소서.

불자 ○○○는 금차에 새로 사업을 확장 개설하였사옵니다.

오늘에 이르는 동안 불보살님의 지극하신 은덕에 감사드리옵니다.

바라옵건대, ○○○불자가 나날이 봉사와 정진을 다하여, 사회의 수요를 보다 참되게 충족시켜 문화향상에 기여하며 보다 우수한 수요기여를 개발하고, 온 겨레와 인

류에게 향상된 기쁨과 편의를 공여할 수 있도록 인도하여 주옵소서.

사회와 나라의 문화창조에 기여하고 봉사, 헌신함으로써 인류를 행복의 길로 이끌어, 그 성과는 보살도를 이루고 불국토를 가꾸는 거룩한 공덕으로 회향케 하여 주옵소서.

다시 간절히 기원하옵건대,

금일 이후 ○○○불자의 믿음은 더욱 청정하고 심신은 강건하며 가내 화평하고 복덕이 왕성하여 뜻하는 일마다 부처님의 가호가 항상 함께 하여지이다.

온 이웃 온 형제 함께 찬탄하고, 나아가 겨레와 인류를 위한 큰 뜻을 이루며, 향하는 길마다 상서가 일고, 만나는 사람마다 보리심을 내어 일체중생 모두 함께 무상도를 이루어지이다.

나무 석가모니불

나무 석가모니불

나무 시아본사 석가모니불

문병 쾌유 발원문

대자대비하신 부처님, 지혜의 태양으로 온 누리 빛내시고 자비 은혜로 저희들을 감싸주심을 감사드리옵니다.

저희 불자들은 부처님의 자비하신 위신력을 입사옵고 일심정성 정진하오며 간절한 기원을 드리옵니다.

금일 ○○○ 불자가 병고로 신음하고 있사옵니다.

저희들은 ○○○ 불자가 지난 동안에 진리광명을 등지고 미혹에 휘말려 어둠을 지은 결과임을 깨달았사옵고 이제 깊이 참회하옵니다.

부처님 가르침 배우지 못하고 어둠의 길

방황했던 지난날을 참회하오며, 삼독에 휘둘린 생활을 지심 참회하옵니다.

대자대비하신 부처님이시여,

저희들의 참회를 섭수하여 주시옵고 ○○○불자가 지은 바 일체 어둠을 밝게 비추어 깨뜨려 주옵소서.

부처님은 원래로 법성광명이시옵기에 지혜와 자비와 위덕의 근원이시옵니다.

부처님의 자비하신 광명은 크나 큰 위신력으로 저희들 모두를 감싸시고 일체 중생 본성 속에 자비공덕을 충만케 해주셨사옵니다.

오늘의 ○○○ 불자에게는 각별하신 자비의 은덕으로 무애위력을 베풀어 주셨음을 깊이 믿습니다.

살피옵건대, ○○○불자의 병고는 지난 날 지은 바 어둠의 그림자이므로, 그것은 실상이 아니며 나타남으로써 사라져 가는 과정임을 믿습니다.

실로 ○○○불자에게는 오직 진리광명만이 충만하옵니다.

건강과 활기가 바다처럼 넉넉하고 은혜의 물줄기는 파도처럼 너울치고 있음을 믿습니다.

대자대비하신 부처님,

오늘 ○○○불자로 하여금 이 진리실상의 믿음을 회복케 하여 주옵소서.

그리하여 영원히 건강하고 생명이 왕성하며 은혜로 충만함을 깨닫게 하시오며, 나아가 법성실상 청정공덕이 불자의 생활에 드러나게 하여 주옵소서.

다시 엎드려 바라옵건대, 오늘 불자의 선망 부모에게 대자비 위신력을 베풀어 주옵소서.

진리광명 드러나 지난 동안의 죄업이 소멸케 하여 주시오며, 본성광명이 명랑하게 드러나 미묘법문 깨달아서 무상도를 이루게 하여 주옵소서.

자비하신 부처님, 저희들의 이 발원이 부처님의 대자비 서원력 속에 원만히 성숙되며, 이 인연공덕으로 법계유정이 다함께 금강신을 이루어 무위국을 자재하여지이다.

나무 석가모니불

나무 석가모니불

나무 시아본사 석가모니불

생일 발원문

대자대비하신 세존이시여, 우러러 살피오니 부처님께서는 자비 은혜로 온 누리를 감싸시고 이 도량 모든 불자에게 크신 가호주시옴을 저희들은 계수하옵고 지성으로 감사드리옵니다.

오늘 ○○○ 불자의 탄생일을 맞이하여 일심 기울여 부처님전에 기원을 드리옵니다.

대자대비하신 부처님!

○○○ 불자는 부처님의 크신 가호를 힘입어 지혜와 복덕 갖추고 서원을 발하온 진실한 불자이옵니다.

덕성과 복덕은 한이 없고 자비 또한 끝이

없사오며, 이 땅 이 시대에 수승한 보살의 원을 이룰 숙명을 지녔사옵니다.

대자대비하신 세존이시여!

바라옵건대, 크신 위신력 베푸시어 불자가 지닌 바 큰 서원 이루도록 간곡하게 살피시어 은혜 내려 주옵소서.

심신은 금강과 더불어 강건하고, 수명은 천지와 더불어 무궁하며, 지혜는 일월과 더불어 빛나옵고, 복덕은 바다와 더불어 넓어지이다.

○○○ 불자가 보살 길을 닦는 가운데 나날이 경사 일고 시시로 행운 맞아, 뜻하는 일마다 모두 다 성취하여 세계와 중생에게 큰 빛이 되어지이다.

일문권속의 심신은 강건하고 길이길이 화락하며, 복연이 무진하고 덕화 널리 떨치며, 부처님 법문에서 큰 서원 발하고 보살대도 성취하여 부처님의 크신 은덕 갚아지이다.

아울러 ○○○ 불자의 선망조상 영가들이 부처님의 광명 받아 극락국에 왕생하여 미묘법문 깨달아서 모두 성불하여지이다.

나무 석가모니불
나무 석가모니불
나무 시아본사 석가모니불

취임 · 승진 발원문

우러러 생각하옵건대, 부처님께서는 정불국토에 머무시면서 온 중생 한 사람 한 사람을 고루 살피사 진여자성을 깨닫게 하시며, 저들의 온갖 차별세계에 무량공덕을 충만케 하시니 저희들의 감사를 무엇으로 다 말하오리이까.

국토에는 무량복덕을 부여하시고, 중생 개개인에게는 창조의 권능을 부어주시사, 저희들로 하여금 이 땅에서 풍요하고 서로 돕고 발전하는 길을 열어 주셨사옵니다.

그리하여 중생 누구나 바른 뜻을 내어 움직일 때 스스로는 진성의 활용이 되고 국토

에는 번영을 가져오며 서로는 유대와 협동을 깊이 하게 하셨습니다.

오늘 ○○○ 불자는 부처님의 크신 자비섭수를 힘입어 새로운 직책에 승진과 취임을 발원합니다.

이것이 어찌 불자를 성장시키고 사회를 발전시키며 역사를 빛내고, 중생과 국토를 성장케 하시는 부처님의 크신 은덕이 아니오리까.

거듭 삼보 전에 계수하오며 지극한 감사를 드리옵니다.

자비하신 세존이시여,

엎드려 바라옵나니 오늘의 불자에게 부처님의 무한자비와 직무의 공공성을 깨닫게 하시며, 불자가 높은 서원을 발하여 새로운 직책을 맡아 원만히 수행하고, 나아가 직장과 사회성장에 이바지하는 큰 공을 이루도록 인도하여 주옵소서.

만나는 사람마다 보살의 원과 행을 함께 하고, 대하는 과업마다 걸림없는 창조의 공능을 드러내어 저희들과 사회가 함께 성공을 경하하고 삼보님 공덕을 찬양토록 가호하여 주옵소서.

심신은 나날이 강건하고 지혜와 위덕은 시시로 빛나며, 복덕과 행운이 길이 함께하여지이다.

더불어 불자의 직장이 크게 번창하고 역사에 큰 빛을 보태도록 성장하여지이다.

이 인연공덕으로 법계 유정 모두가 보리심을 내고 위없는 깨달음이 원만히 이루어지이다.

나무 석가모니불
나무 석가모니불
나무 시아본사 석가모니불

개업 · 이사 · 안택 발원문

모든 중생의 간절한 기도에 응답해 주시는 부처님이시여!

오늘 이 자리에 새로운 삶의 터전을 마련하고 기도드리오니 ○○○불자의 앞날에 부처님의 가피가 항상하며 부처님의 품 안에서 화목하고 번영의 길이 열리게 하옵소서.

오늘에 이르기까지 불보살님의 지극한 은덕에 감사드리옵니다. 이곳에서 하는 일마다 모두 다 성취되고 생업이 안정되며, 자녀들의 교육이 원만히 이루어지고 가운이 날로 번창하도록 가피를 내려 주옵소서.

그리하여 삼보를 믿고 그 가피 속에서 보

람의 열매를 거두어 이웃에게 부처님의 가르침을 전하고, 모든 사람들로부터 사랑받는 불자 가족이 되게 하소서.

○○○불자의 가족과 인연 맺은 모든 이들이 중생을 위한 보살의 마음을 모두 지니고 영상회상 법화신중님들의 보호 속에 온갖 마장은 사라지고 신심은 더욱 견고해지며 몸과 마음은 더욱 강건해지고 집안이 화평하고 복과 지혜가 구족하도록 하는 일마다 부처님의 가피가 함께 하게 하소서.

나무 석가모니불
나무 석가모니불
나무 시아본사 석가모니불

연지대사 왕생극락 발원문

극락세계에 계시옵사 중생을 이끌어 주시는 아미타불께 귀의하고 그 세계에 가서 나기를 발원합니다.

자비하신 원력으로 굽어살펴 주시옵소서.

저희들이 네 가지 은혜로운 이와 삼계중생들을 위해 부처님의 위없는 도를 이룩하려는 정성으로, 아미타불의 거룩하신 명호를 일컬어 극락세계에 가서 나기를 원하나이다.

업장은 두텁고 복과 지혜 엷어서 마음은 더러움에 물들기 쉽고 깨끗한 공덕 이루기 어려워, 이제 부처님 앞에서 지극한 정성으로 예배하고 참회하나이다.

저희들이 끝없는 옛적부터 오늘에 이르도록 몸으로 입으로 또 마음으로 한량없이 지은 죄와 한량없이 맺은 원수 모두 녹여 버리고 오늘부터 서원 세워 나쁜 짓 멀리하여 다시 짓지 아니하고 보살도를 항상 닦아 물러나지 아니하며 정각을 이루어서 중생을 제도하려 하오니,

아미타부처님이시여, 대자대비하신 원력으로 저희들을 증명하시며 어여삐 여기고 가피주시어, 삼매에서나 꿈속에서나 아미타불의 거룩한 상호를 뵈옵고, 장엄하신 국토에 다니면서 감로수를 뿌려주시고 광명으로 비춰주심 입사와, 업장은 소멸되고 선근은

자라나며 번뇌는 없어지고 무명은 깨어져서 원각의 묘한 마음 뚜렷하게 열리고, 상적광토가 항상 앞에 나타나지이다.

또 이 목숨 마칠 때 갈 시간 미리 알아 여러 가지 병고 액난이 몸에서 없어지고 탐·진·치 온갖 번뇌 씻은 듯이 사라지며 육근이 화락하고 한 생각 분명하여 이 몸을 버리기 선정에 들듯 하옵거든, 그때에 아미타불께서 관음·대세지 두 보살과 모든 성중 함께하여 광명 놓아 맞으시며, 대자대비로 이끄시사 높고 넓은 누각들과 아름다운 깃발들과, 맑은 향기, 고운 음악, 거룩한 극락세계 눈앞에 나타나면, 보는 이 듣는 이들 기쁘고 감격하여 위없는 보리마음 다

같이 발하올 제, 이내 몸 연화보좌 금강대에 올라 앉아, 부처님 뒤를 따라 극락정토 나아가서 칠보로 된 연못 속에 상품상생한 뒤에 불보살 뵈옵거든 미묘한 법문 듣고, 무생법인 깨치며 부처님 섬기옵고 수기를 친히 받아, 삼신·사지와 오안·육통과 백천 다라니와 온갖 공덕을 원만하게 이루어지이다.

그러한 후 극락세계를 떠나지 아니하고 사바세계에 다시 돌아와 한량없는 분신으로 시방국토 다니면서, 여러 가지 신통력과 가지가지 방편으로 무량중생 제도하여, 탐·진·치 삼독 멀리 떠나서 깨끗한 참 마음으로 극락세계 함께 가서 물러나지 않는 자리에 오르게 하려 하옵니다.

세계가 끝이 없고 중생이 끝이 없고 번뇌 · 업장이 모두 끝이 없기에 저의 서원도 끝이 없나이다. 저희들이 지금 예배하고 발원하여 닦아 지닌 공덕을 온갖 중생에게 베풀어 주어, 네 가지 은혜 골고루 갚고 삼계 유정을 모두 제도하여 다 함께 일체종지를 이루어지이다.

나무 아미타불

나무 아미타불

나무 극락도사 아미타불

◀ 절 하는 법 ▶

- 오체투지하는 방법

• 예경의 아쉬움 고두례

• 차수와 합장

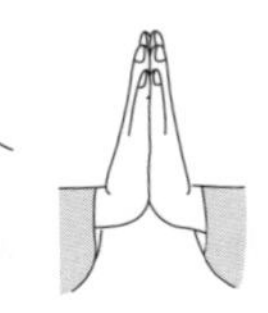

• 반배

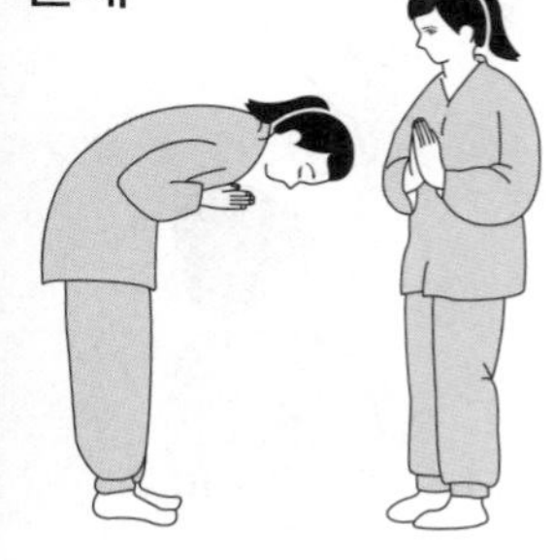

• 아만을 꺾는 오체투지

㉠ 왼쪽 팔꿈치 ┐
㉡ 오른쪽 팔꿈치 ┘ 양 팔꿈치
㉢ 왼쪽 무릎 ┐
㉣ 오른쪽 무릎 ┘ 양 무릎
㉤ 이마

• 장궤 · 우슬착지

• 앉고 서는 동작

좌선 자세

선자세

• 탑을 도는 방향

마음을 다스리는 법

⊙ 복을 구하고자 하거든 항상 남에게 베풀며 검소한 생활과 성냄을 버리고 기쁜 마음을 갖도록 하라.

⊙ 덕을 얻고자 하거든 겸양과 하심下心을 가지도록 하라.

⊙ 근심을 없애고자 하거든 먼저 애욕에 탐착하지 말것이며 재앙을 면하고자 하거든 물욕에서 벗어나야 할것이니라.

⊙ 허물은 거만과 아집에서 생기는 것이며 죄는 인욕하지 못하는 데서 생기느니라.

⊙ 입으로는 고운말과 착한말을 쓸 것이며 남을 헐뜯는 말을 하지 말 것이며 눈으로는

언제나 그릇된 것을 보지 말 것이며 해로운 친구를 결코 가까이 하지 말아야 할 것이니라.

⊙ 남의 시비 속에 뛰어들지 말 것이며 항상 남을 너그럽게 용서해야 할 것이니라.

⊙ 어떤 일이 있어도 남을 원망하지 말 것이며 어른과 덕높은 이를 공경하고 배우며 따라야 할 것이니라.

⊙ 세력에 아부하지 말 것이며 나의 주관을 바르게 세워 튼튼한 인생관을 갖도록 해야 할 것이니라.

⊙ 남을 탓하기 전에 항상 자신을 먼저 돌아볼 줄 알아야 한다.

⊙ 부지런하고 정직하라. 그러하면 모든 사람들은 저절로 나를 위하게 되느니라.

보왕삼매론

⊙ 몸에 병 없기를 바라지 말라.
몸에 병이 없으면 탐욕이 생기기 쉽나니, 그래서 성인이 말씀하시되「병고로써 양약을 삼으라」하셨느니라.

⊙ 세상살이에 곤란함이 없기를 바라지 말라.
세상살이에 곤란함이 없으면 업신여기는 마음과 사치한 마음이 생기나니, 그래서 성인이 말씀하시되「근심과 곤란으로써 세상을 살아가라」하셨느니라.

⊙ 공부하는데 마음에 장애 없기를 바라지 말라.

마음에 장애가 없으면 배우는 것이 넘치게 되나니, 그래서 성인이 말씀하시되「장애 속에서 해탈을 얻으라」하셨느니라.

⊙ 수행하는데 마魔없기를 바라지 말라.
수행하는데 마가 없으면 서원이 굳건해지지 못하나니, 그래서 성인이 말씀하시되「모든 마군으로써 수행을 도와 주는 벗으로 삼으라」하셨느니라.

⊙ 일을 꾀하되 쉽게 되기를 바라지 말라.
일이 쉽게 되면 뜻을 경솔한데 두게 되나니, 그래서 성인이 말씀하시되「여러 겁을 겪어서 일을 성취하라」하셨느니라.

⊙ 친구를 사귀되 내가 이롭기를 바라지 말라.

내가 이룹고자 하면 의리를 상하게 되나니, 그래서 성인이 말씀하시되 「순결로써 사귐을 길게 하라」 하셨느니라.

⊙ 남이 내 뜻대로 순종해 주기를 바라지 말라. 남이 내 뜻대로 순종해 주면 마음이 스스로 교만해지나니, 그래서 성인이 말씀하시되 「내 뜻에 맞지 않는 사람들로써 원림園林을 삼으라」 하셨느니라.

⊙ 공덕을 베풀려면 과보를 바라지 말라. 과보를 바라면 도모하는 뜻을 가지게 되나니, 그래서 성인이 말씀하시되 「덕 베푼 것을 헌신처럼 버리라」 하셨느니라.

⊙ 이익을 분에 넘치게 바라지 말라.

이익이 분에 넘치면 어리석은 마음이 생기나니, 그래서 성인이 말씀하시되 「적은 이익으로써 부자가 되라」 하셨느니라.

⊙ 억울함을 당해서 밝히려고 하지 말라.
억울함을 밝히면 원망하는 마음을 돕게 되나니, 그래서 성인이 말씀하시되 「억울함을 당하는 것으로 수행하는 문을 삼으라」 하셨느니라.

이와 같이 막히는 데서 도리어 통하는 것이요, 통함을 구하는 것이 도리어 막히는 것이니, 이래서 부처님께서는 저 장애 가운데서 보리도를 얻으셨느니라.
저 「앙굴마라」와 「제바달다」의 무리가 모두

반역의 짓을 했지만, 우리 부처님께서는 모두 수기를 주셔서 성불하게 하셨으니, 어찌 저의 거슬리는 것이 나를 순종함이 아니며, 제가 방해한 것이 나를 성취하게 함이 아니리요. 요즘 세상에 도를 배우는 사람들이 만일 먼저 역경에서 견디어 보지 못하면, 장애에 부딪칠 때 능히 이겨내지 못하고 법왕의 큰 보배를 잃어버리게 되나니, 이 어찌 슬프지 아니하랴.

육바라밀

⊙ 임에게 아까운 것이 없이 무엇이나 바치고 싶은 이 마음, 거기서 나는 **보시**布施를 배웠노라.

⊙ 임에게 보이고자 애써 깨끗이 단장하는 이 마음, 거기서 나는 **지계**持戒를 배웠노라.

⊙ 임께서 주시는 것이면 때림이나 꾸지람이나 기쁘게 받는 이 마음, 거기서 나는 **인욕**忍辱을 배웠노라.

⊙ 자나깨나 쉴새없이 임을 그리워하고 임 곁에 도는 이 마음, 거기서 나는 **정진**精進을 배웠노라.

⊙ 천하에 하고 많은 사람중에 오직 임만을 사모하는 이 마음, 거기서 나는 **선정**禪定을 배웠노라.

⊙ 내가 임의 품에 안길 때 기쁨도 슬픔도 임과 나의 존재도 잊을 때에 거기서 나는 **지혜**智慧를 배웠노라.

인색과 탐욕 때문에

우리는 갖가지 부정한 일을

하게 되는 것이다.

그러므로 보시를 실천해야만

깨끗한 결과를 얻게 될 것이다.

제법집요경

찬 불 가

- 삼 귀 의
- 청 법 가
- 불교도의 노래
- 붓다의 메아리
- 빛으로 돌아오소서
- 관세음의 노래
- 새 법우 환영가
- 연 등
- 성도제의 노래
- 산 회 가
- 찬양합시다
- 집 회 가
- 부처님 오신날
- 부처님께 바칩니다
- 보현행원
- 홀로 피는 연꽃
- 자비방생의 노래
- 우란분절
- 사홍서원

눈에 보이는 것이나 보이지 않는 것이나,

멀리 살고 있는 것이나

가까이 살고 있는 것이나,

이미 태어난 것이나 앞으로 태어날 것이나,

살아 있는 모든 것은 다 행복하라.

숫타니파타

삼 귀 의

최영철 작사
김용호 작곡
장중하게
거 룩 한 부 - 처 님 께 귀 의 합 니 다

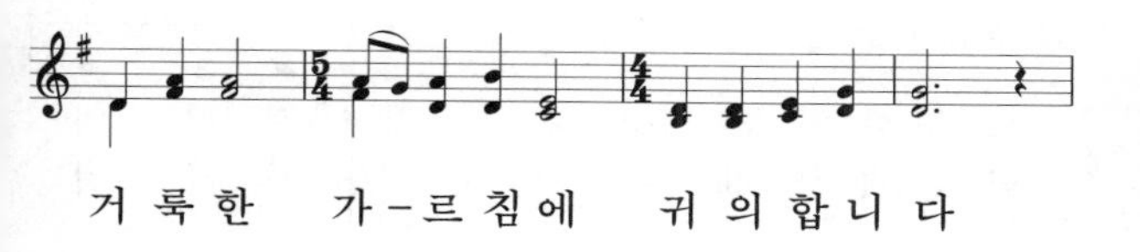
거 룩 한 가 - 르 침 에 귀 의 합 니 다

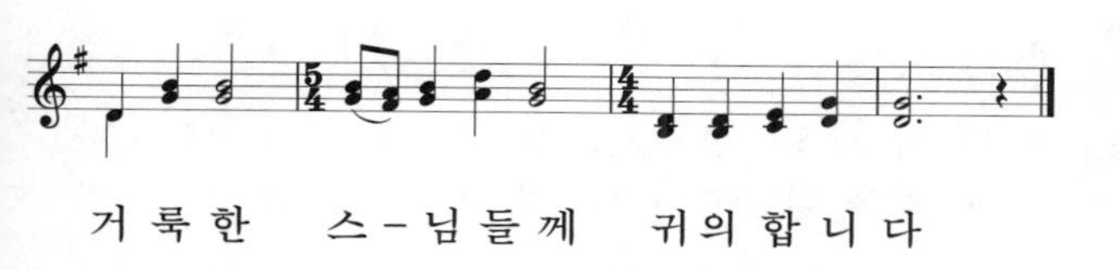
거 룩 한 스 - 님 들 께 귀 의 합 니 다

찬양합시다

조학유 작사
작곡자 미상

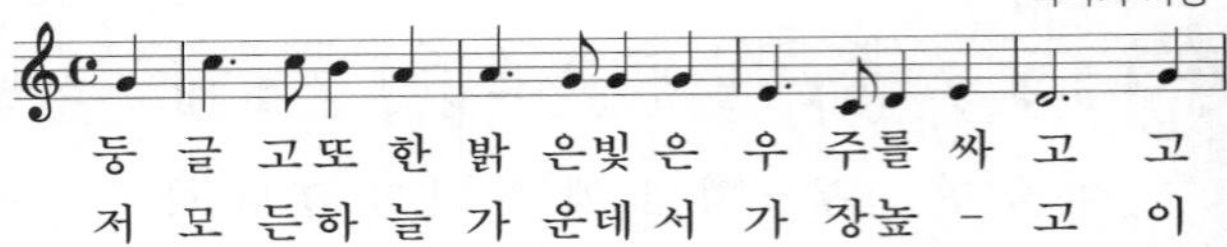

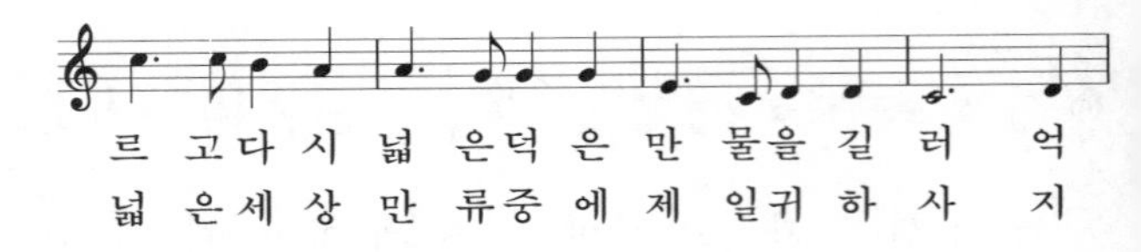

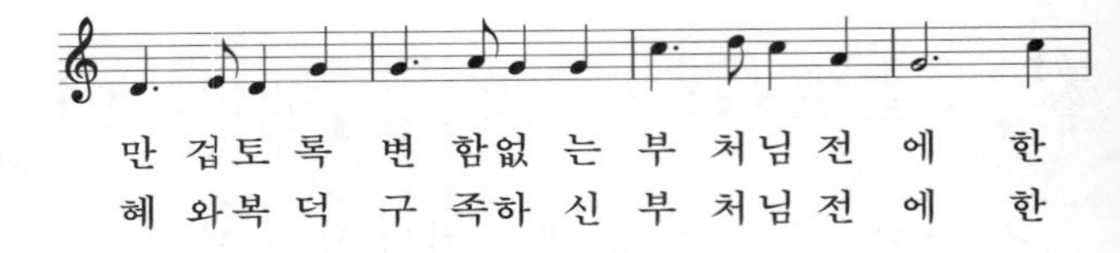

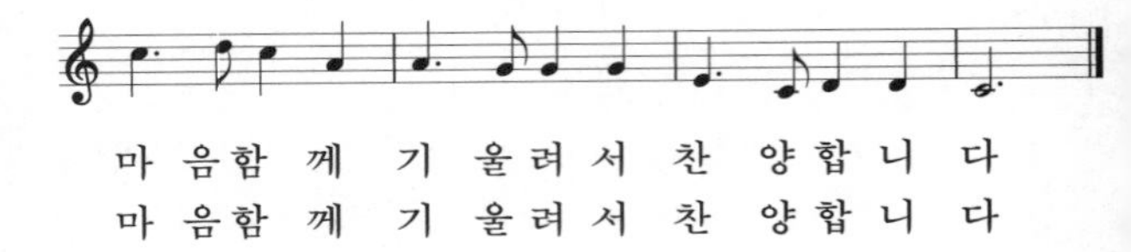

청 법 가

이광수 작사
이찬우 작곡

보통 빠르기로

덕 높-으신 스-승님 사 자-좌에 오 르사- -
덕 높-으신 법-사님 대 법-좌에 오 르사- -

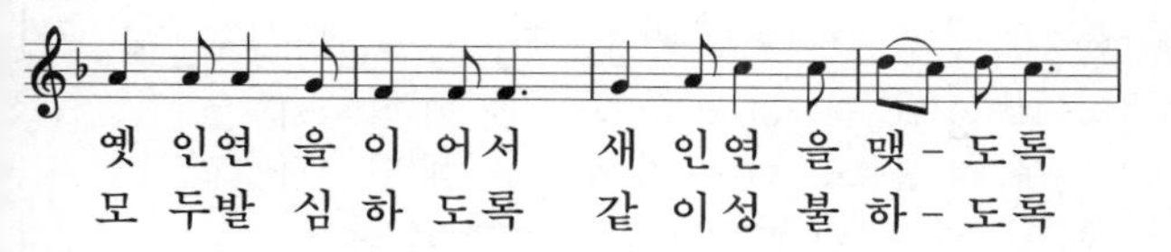

집 회 가

정운문 작사
정민섭 작곡
우 리는 성 -전에 모-두모-였 네 -
우 리는 불 -전에 모-두모-였 네 -
대 자비 대광명이 충 만하--신 곳 -
대 원력 대보살이 웃 음짓--는 곳 -
거 룩하신 부처님의 진-리를 배 워 -
장 하옵신 보살님의 원-력을 따 라 -
무 상보 리 이루어서 생 사면-하 고 -
무 상불 도 이루어서 고 해면-하 고 -
가 엾은 중 -생을 제 -도하-고 저 -
수 많은 중 -생을 인 -도하-고 저 -
성 스러 운 불회상에 같 이모--였 네 -
존 엄하 신 불도량에 같 이모--였 네 -

불교도의 노래

서정주 작사
김동진 작곡

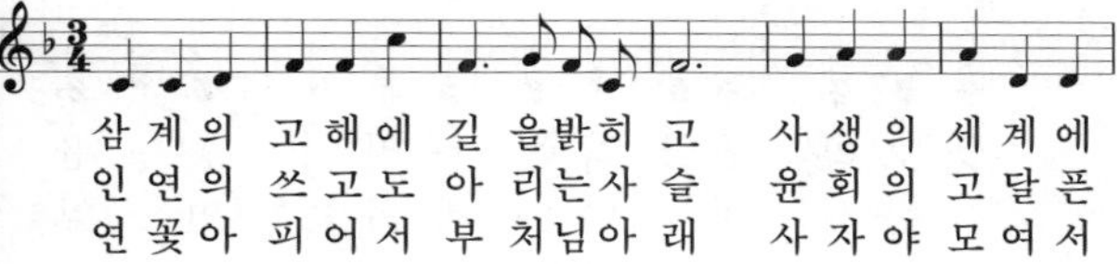

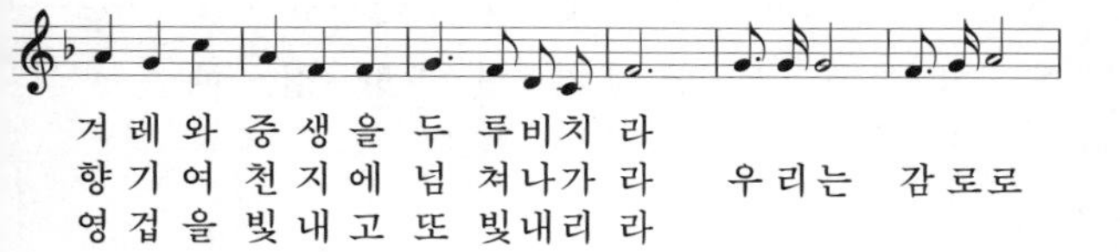

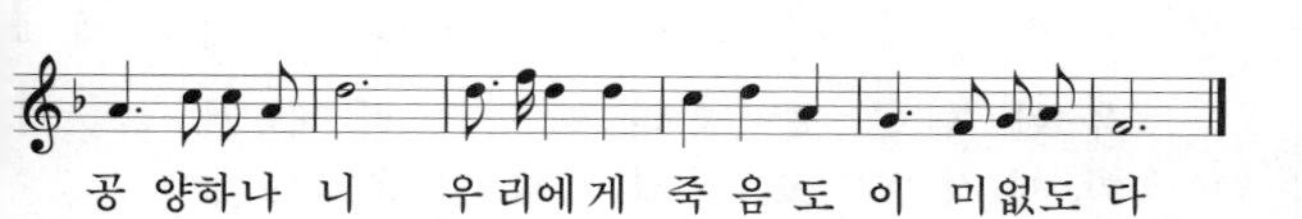

부처님 오신날

천천히 장엄하게

김어수 작사
김용호 작곡

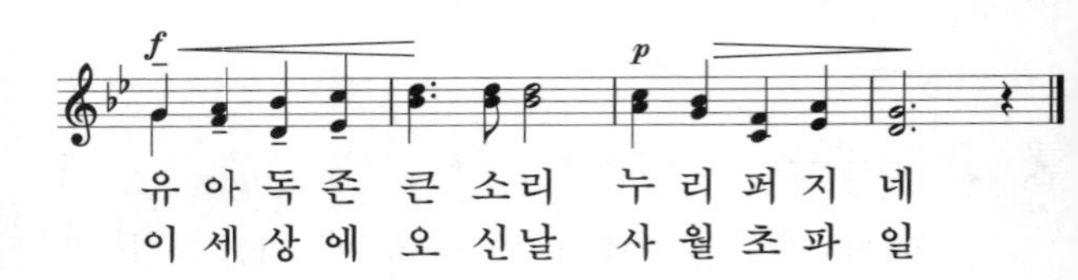

붓다의 메아리

반영규 작사
서창업 작곡
경쾌하게
우 리 는 메 아 리 붓 다 의 메 아 리
우 리 는 메 아 리 붓 다 의 메 아 리
이 웃 과 이 웃 을 이 어 주 는 메 아 리
먼 겨 레 먼 나 라 맺 어 주 는 메 아 리
먹 구 름 헤 치 고 응 달 을 양 달 로
괴 로 움 나 누 고 슬 픔 을 달 래 며
온 겨 레 가 슴 에 퍼 져 가 는 메 아 리
저 하 늘 끝 까 지 퍼 져 가 는 메 아 리
우 리 는 메 아 리 붓 다 의 메 아 리
파 랗 고 싱 그 러 운 붓 다 의 메 아 리

부처님께 바칩니다

우 성 작사
외 국 곡

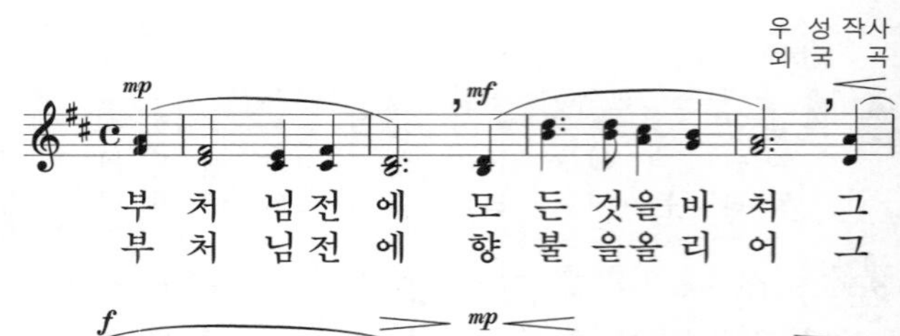

빛으로 돌아오소서

숙연하게 (♩= 76)
광 덕 작사
서창업 작곡
mp
mf
영 원한 광 명 아 미타부 처 -님
끝 없는 수 명 아 미타부 처 -님
광 명의 나 라 아 미타극 락 세계
mp
그 품 에 안 - 기 - 려 님 은가 셨 - 네
크 - 신 은 - 혜 - 에 고 이잠 드소 서
연 - 꽃 봉우 리 - 에 태 어나 소 - 서
mf
지 난시 절 의 정 다운모 습
대 자대 - 비 관 세음보 살
부 처님 뵙 고 큰 법깨치 어
f
p
살 아 계 신 - 듯 가 까이 있 네
연 꽃 수 레 - 로 맞 아주 시 네
찬 란 한 빛으로 돌 아오 소 서

보현행원

정운문 작사
정민섭 작곡

관세음의 노래

법 정 작사
김동진 작곡
삼 계의 중-생-을 천 안으로
임 이여 나-투소서 그 모습-
살-피시고 고 해의 중-생-을
보-이소서 어 두운 이세상-에
천수로써 건지시 는 자 비하 신
그-모습보이소 서 목 마른-
관 세음 - 보 살님 께 귀의하오니-
중 생에 게 감 로수 를 내리시-고-
저 희들 의 어린마-음 거-두어주옵소
길 잃은 - 중생에-게 바른길을열으소
서
서
나무구고구난 관 세-음-보살
나무대자대비 관 세-음-보살

홀로 피는 연꽃

우 성 작사
서창업 작곡

mp

맑 은 바 람 스 - 미 는 초 여 름 연 못
해 가 지 는 산 - 기 슭 고 요 한 연 못
달 이 뜨 는 두 메 산 골 적 막 한 연 못

에 모 든 시 름 잊 - 은 듯
에 임 은 가 도 홀 로 남 아
에 꿈 을 꾸 듯 물 - 에 떠

초 연 하 게 피 - 는 모 습
청 아 하 게 피 - 는 모 습
소 담 하 게 피 - 는 모 습

mf

흘 깃 보 면 여 민 듯 이 다 시 보 면
눈 을 뜨 면 선 연 하 게 눈 감 으 면
다 가 올 듯 멀 어 지 고 멀 어 질 듯

mp
웃 는 듯 이 홀 연 히 풍 겨 오 는
아 련 하 게 오 탁 의 연 못 속 에
다 가 오 는 연 꽃 이 피 는 구 나
p
mf
그 윽 한 임 의 향 기 아 - -
아 름 도 하 시 어 라
내 맘 에 갸 륵 하 게
mp
연 꽃 이 지 - 는 구 나 아 - 아
p
연 꽃 이 피 - 는 구 나

새 법우 환영가

정다운 작사
서창업 작곡
mf
부 처 님 의 은 덕 으 로 참 - 나 를 찾 으 니
사 바 연 에 시 달 린 몸 다 - 벗 어 던 지 고
먼 길 이 나 험 한 길 도 다 - 같 이 도 우 며
오 늘 부 터 온 - 우 주 에 주 인 이 되 었 네
내 님 따 라 깊 - 은 곳 에 알 몸 으 로 와 서
우 리 들 은 형 - 제 자 매 손 잡 고 갑 시 다
어 진 맘 과 참 된 힘 을 다 - 받 쳐 줄 법 우 들
그 립 던 님 품 에 안 겨 한 - 마 - 음 얻 으 니
서 로 서 로 사 랑 하 고 서 로 용 - 서 하 면 은
한 겨 레 의 짙 - 은 피 로 보 련 화 피 우 세
세 세 생 생 인 - 연 되 어 잠 들 게 하 소 서
사 바 세 계 이 - 대 로 가 극 - 락 이 라 네

자비방생의 노래

너무 느리지 않게
이혜성 작사
서창업 작곡
mp
내 몸 의 자 유 자 재 바 라 고 있 다 면
내 가 족 부 귀 창 성 바 라 고 있 다 면
내 삶 의 영 생 불 멸 바 라 고 있 다 면
잡 히 어 죽 을 목 숨 풀 어 서 살 리 고
죄 없 이 죽 을 목 숨 돌 이 켜 살 리 고
무 참 히 죽 을 목 숨 뉘 우 쳐 살 리 고
병 들 은 중 - 생 을 도 와 서 고 치 면
굶 주 린 중 - 생 을 도 와 서 보 태 면
고 달 픈 중 - 생 을 도 와 서 건 지 면
자 유 는 돌 아 와 서 내 몸 을 지 키 네
행 복 은 찾 아 와 서 내 가 족 섬 기 네
광 명 은 영 겁 토 록 내 삶 을 비 추 네
mf
방 생 방 - 생
mp
자 - 비 방 생
mf
방 생 방 - 생
mp
고 구 방 생

연 등

선진규 작사
김용호 작곡
너무 느리지 않게
cresc.
광명의등 지혜의등 연 등연등 연 등–
중생의등 자비의등 연 등연등 연 등–
mf
불 을 밝 – 히자 기 – 원 드 – 리며
불 을 밝 – 히자 서 – 원 세 – 우며
mp
cresc.
둥 근등 네모 등 마 음을 밝 – 히자
연 꽃등 팔모 등 누 리를 밝 – 히자
ff
봉 축 봉 – –축 연 등연등 연 – 등
봉 축 봉 – –축 연 등연등 연 – 등

우란분절

우 성 작사
서창업 작곡
mp
휘 영 청 달 -밝은 칠월보름 백 -중에
목 련 의 효 -성이 칠월중원 밝 -히어
나 실 제 아 -픔을 기쁨으로 아 -시고
정 성어린 백-종과실 삼보 님께 올-리고
사 부모의 아-귀보를 벗어 나게 하-나니
가 를제의 괴-로움을 자비 로써 달-래신
mf
삼계 고해 괴로 움을 벗-어나지 못하 는
고통 없는 화락 천에 그-예다시 태어 나
바다 같은 부모 님의 크-나크신 은혜 를
mp
다생부모 영가 를 천도 합-니 다 -
무량복락 무한 히 누리 시-었 네 -
삼보님께 아뢰 니 살피 옵-소 서 -

성도제의 노래

이혜성 작사
서창업 작곡

인 간의 모든번뇌 끊어버리— 고
억 겁의 시간속에 태어나시— 어

육 년을 하루같이 고행하시어
억 겁의 시간속에 살아계시어

마 침내 이루셨네 섣달초여덟
세 존의 대오성도 오늘이루니

진 리의 대광명이 누리에찼네
가 없는 대자대비 누리에찼네

엎 드려 예배하세 중생의등불

우 러러 합장하세 인류의스승

사홍서원

최영철 작곡
김용호 편곡
장중하게
중 생 을 다 – – 건 지 오 리 다

번 뇌 를 다 끊 으 오 리 – 다

법 문 을 다 – – 배 우 오 리 다

불 도 를 다 이 루 오 리 – 다

산 회 가

정운문 작사
정민섭 작곡
몸 은비 - 록 이 자리에 서 헤어 - 지지 만
마 음 - 은 언 제라도 떠 나 - 지마 세
거 룩 하 신 부 처 님 을 항 상 모 시 - 고
오 늘배 - 운 높 은법문 깊 이 - 새겨 서
다 음 날 반 갑 게 한 맘 한 뜻으 로
부 처 님 의 성 전 - 에 다 시 만 나 - 세

전법오서

※ 전법으로 바른 믿음을 삼겠습니다.

※ 전법으로 정정진을 삼겠습니다.

※ 전법으로 무상공덕을 삼겠습니다.

※ 전법으로 세상의 보은을 삼겠습니다.

※ 전법으로 정토를 성취하겠습니다.

불자독송집

2005(불기2549)년 8월 30일 초판 1쇄 발행
2024(불기2568)년 1월 25일 초판 15쇄 발행

편 집 · 편 집 실
발행인 · 김 동 금
만든곳 · 우리출판사

서울특별시 서대문구 경기대로9길 62
☎ (02) 313-5047, 313-5056
Fax. (02) 393-9696
wooribooks@hanmail.net
www.wooribooks.com
등록 : 제9-139호

ISBN 978-89-7561-232-9 10220

정가 10,000원